Dortmund, Schwaben, Pfalz und andere Leidenschaften

Ilona Hofmann-Köhne und Dietmar Köhne
im Gespräch mit den Freunden Biene und Gerd Hallen
aus Schwerte-Ergste

Herstellung und Verlag:
BoD – Books on Demand, Norderstedt

ISBN: 978-3-7526-2451-9

I
Inhalt

Vorwort

Die 1957 in Dortmund geborene Autorin Ilona Hofmann- Köhne war im kaufmännischen Bereich tätig. Nach vielen, eher freudlosen Jahren in Büroräumen erwachte ihr Wunsch nach kreativer Arbeit. 1991 heiratete sie Dietmar Köhne und zog nach Süddeutschland, wo sie ihren künstlerischen Ambitionen verstärkt nachgehen und sich dem Schreiben und Malen widmen konnte. Sie kann auf regelmäßige Ausstellungen ihrer bildnerischen Werke und auf diverse Veröffentlichungen von Texten verweisen, darunter in der Zeitschrift „littérage". 2011 veröffentlichte sie ihren ersten Roman „Blues 4600" im Frieling Verlag.

Ilona war eine Persönlichkeit, die auf jeden Mitmenschen positiv und offen zuging. Sie verstand es, ein Gespräch zu führen, in dem sich das Gegenüber angenommen und verstanden fühlte. Aufgrund ihrer guten Allgemeinbildung und literarischen Kompetenz hatte sie die Möglichkeit, ein Gespräch auf jedem Niveau zu führen. Von der Kehrwoche über Spätzle bis zu Hegel stand ihr alles zur Verfügung.

Doch war auch sie, wie jeder Mensch, darauf angewiesen, dass ein potentieller Gesprächspartner sich so weit öffnete, dass sie einen Schimmer von dem erfassen konnte, was das Gegenüber tatsächlich bewegte. Es ist Ilona hoch anzurechnen, dass sie in den ersten Jahren ihres ‚schwäbischen Gastspiels' neben kleinen Erfolgen im Umgang mit Vertretern dieses Volksstammes auch lernte, mit den weniger aufgeschlossenen Zeitgenossen Geduld zu üben und die Zurückhaltung dieser Menschen in Demut hinzunehmen.

Indes reißt irgendwann einmal jeder Geduldsfaden. Ilona musste nach 20 Jahren reduzierter Kommunikation in Schwaben ihre Verärgerung mit Ironie und Sarkasmus zum Ausdruck bringen.

Da man auch im Zorn nicht gern allein ist, suchte und fand sie ein Ehepaar aus dem Städtchen Schwerte (NRW), das sie und ihr Mann in der Pfalz anlässlich eines Kurzurlaubs kennenlernten. Man schloss schnell Freundschaft und stellte fest, dass sie alle über einschlägige Erfahrungen mit dem Schwabentum verfügten. Von Esslingen aus bauten die „Hokoes", wie sie in der Folge genannt werden, mit den Freunden von 2015 an per Mail einen Limerick-Briefwechsel auf, in dessen Verlauf nicht wenige antischwäbische Sticheleien und Boshaftigkeiten, aber auch viele Pro-Dortmund-Hymnen und andere Erfahrungen ausgetauscht wurden. So ergab sich aus diesem Gedankenaustausch neben den boshaften Sticheleien gegen die Schwaben ein bunter Strauß an literarischen Erzeugnissen.

Mögen die werten Leser*innen daran im Gedenken an die 2020 verstorbene Ilona ihre Freude haben.

Neben den vielen Texten und Limericks enthält dieses Büchlein auch ein paar Abbildungen von Ilonas Bildern und Fotos, die sie in der „schwäbischen Zeit" angefertigt hat. Viele wurden schon auf Ausstellungen gezeigt.

Bemerkungen zum Limerick

Bei dieser poetischen Gattung handelt es sich um Fünfzeiler mit dem Reimschema a a b b a. Die Gedichte beginnen mit dem Hinweis auf die oft geographisch bezogene Existenz einer Person (1. Zeile). Diese wird mit einer besonderen Eigenart verbunden (2. Zeile). Es folgen zwei kurze endgereimte Zeilen mit einer scheinbaren oder auch tatsächlich logischen Fortsetzung der ersten beiden Zeilen (3. und 4. Zeile). Die 5. Zeile schließt das Gedicht mit einer Variation der 1. Zeile ab. Oft enthält diese Zeile ein pointiertes Urteil.

Der Rhythmus der ersten beiden und der fünften Zeile ist an den Anapäst angelehnt, während die dritte und die vierte Zeile mit Jambus oder Trochäus den Kontrast zu den anderen Zeilen bilden. Es sind freilich zahllose Variationen des Versmaßes gebräuchlich.

Vor etwa 200 Jahren wurden die ersten Limericks in England veröffentlicht. Es gibt aber schon Jahrhunderte vorher poetische Ergüsse mit ähnlicher Struktur. Die Beziehung zur irischen Stadt Limerick ist nicht ersichtlich. Limericks gibt es in allen Sprachen, so auch im deutschen Sprachraum, in dem sich Ilona – und zwar explizit unter Ausschluss des Schwäbischen – leidenschaftlich gern bewegte.

Schwaben Bashing

Die Schwaben leben bekanntlich in einer Region, die schon in grauer Vorzeit ernährungstechnisch wenig effektiv war und damit zu äußerster Sparsamkeit wie auch zu höchst zurückhaltender Gastfreundschaft anleitete.

Menschen, die aus anderen Landesteilen unserer Republik zu den Schwaben stoßen und ihre Arbeitskraft für die Betriebe im „Ländle" zur Verfügung stellen, werden nicht selten als Zuwanderer betrachtet, die „mer durchfüttere müsse". Dabei spielt es keine Rolle, dass diese „Durchgefütterten" einen wichtigen Beitrag zum Erhalt des heutigen schwäbischen Wohlstandes leisten. So war Dietmar Köhne in einer renommierten Esslinger Firma tätig – von der Leitung sehr geschätzt. Das hinderte die Kollegen*innen aber nicht daran, die Kommunikation 25 Jahre lang auf die Besprechung betrieblicher Abläufe zu beschränken.

Auffällig ist bei vielen Schwaben die nur schwach ausgeprägte Wahrnehmung eigener sprachlicher Besonderheiten. „Sie schtähet im schtarke Gegensatz zu dem, wo da die Fremden schpreche tun." Das fördert nicht unbedingt die Kommunikation mit den „andersch Schprechenden" und lässt so manchen Schwaben auf seine eigenen Belange und die seiner Sprachgenossen*innen zurückfallen.

Kommen indes Humor, Selbstironie und Empathie mit ins Spiel, merkt man schnell, dass „die Schwaben" nicht nur wendig, weltoffen und witzig sein können, sondern auch großzügig und erfindungsreich – sowohl in technischen und sozialen, wie auch in philosophischen und literarischen Belangen. So brachte dieses „Ländle" nicht allein große Erfinder*innen und Gründer*innen von Weltfirmen, sondern auch bedeutende Denker*innen und Literaten*innen hervor. Allein, man muss auch das Glück haben, solchen Schwaben zu begegnen. Dieses Glück war Ilona und ihrem Dietmar – wie die folgenden literarischen Erzeugnisse belegen – leider nur selten beschieden.

Ärger mit einem Nachbarn in Esslingen

Als Ruhrgebietskind hatte Ilona die Gewohnheit, durchs offene Fenster zu blicken und die Aussicht auf den Garten zu genießen. Ein Nachbar interpretierte das als einen Angriff auf seine Integrität, denn er fühlte sich beobachtet…

Ilona schreibt dazu:

Es litt mal ein Paar aus Westfalen
in Württemberg unter viel' Qualen.
Wann können wir weg
vom schwäbischen Fleck?
Nie dachte man`s so noch vor Jahren.

Der „liebe" Nachbar von nebenan hat sich wieder einmal einen Ausraster geleistet. Ich habe ganz harmlos am Fenster hantiert und rausgeguckt, da kam er des Weges und war anscheinend genervt, meinen Anblick ertragen zu müssen. Er hat daraufhin ganz laut gerufen: "Do dro kannsch erkenne, wieeeee gschtört die isch!" Übersetzung ist wahrscheinlich nicht nötig? Also aus dem Fenster sehen ist somit ein Hinweis darauf, dass ich gestört bin. Ab Dienstag bin ich wieder in Dortmund unter Nachbarn, die mich garantiert nicht für gestört halten. Auch nicht, wenn ich aus dem Fenster sehe. Selbst wenn ich zeitweilig starren sollte.

Ilona resümiert:

Da war mal ein Männle im Schwabenland,
das hatte sich selbst nicht ganz in der Hand.

Es schrie nur herum
und war, ach, so dumm,

dass man dafür keine Worte fand.

Die Freunde aus Schwerte erwidern darauf:

Es war einst ein Land voller Mucken.
Da durfte man nicht einmal gucken.
Das war unerhört.
Man galt als gestört.
Das muss man doch erst einmal schlucken.

Vielleicht wollen Eure Nachbarn nur geliebt werden. Wenn man aber auf ihre Forderungen eingeht und damit ihre Herzen erobert, dann hat man sie an der Backe. Wünscht Euch das nicht. Da ist es besser, wenn Sie Euch hassen oder für gestört halten.

Du hast wohl schmerzerfüllt auf diese armen Kreaturen geschaut. Wie wäre es mit einem Schild hinten auf dem Auto: "Ich bremse auch für Schwaben."

Eine Westfälin saß in Esslingen im Licht,
doch das gefiel dem Nachbarn nicht.
Er blieb im Dunkeln.
Man hörte es munkeln,
er sei vor Neid ganz grün im Gesicht.

Ilona und Dietmar gefällt die Idee mit dem Aufkleber:

Den Aufkleber „Ich bremse auch für Schwaben" klebe ich lieber erst in Dortmund dran. Die Schwaben sind hier nämlich leider in der Überzahl. Ich habe Angst um meinen kleinen roten Renner. In Dortmund würde der Aufkleber bestimmt mit Applaus bedacht.

Weinetikett mit Ilonas Bild

Sonstiges Schwaben-Bashing

Wer kann die Schwaben schon leiden?
Kontakte sucht' man zu vermeiden.
Das ist durchaus recht.
Die sind einfach schlecht.
Bisweilen kann man deshalb speiben.

Es folgt von den Schwertern eine lästerliche Bemerkung über das Bahnhofsprojekt „Stuttgart 21". Ilona dazu:

Stuttgart 21 – vielleicht bedeutet es ja nur, dass der Bahnhof erst in 21 Jahren fertig sein wird! Der Neckar auf dem Trockenen – wäre mir auch herzlich egal. Drin baden sollte man sowieso nicht, wenn man gesund bleiben will. In unserem Bekanntenkreis ist ein einziges schwäbisches Ehepaar. Alle anderen sind Reingschmeckte wie wir.

Zum Neckar fiel den Schwertern noch Folgendes ein:

Ein Schwabe fuhr Schiff auf dem Neckar –
ganz oben, da wo das Deck war.
Dort fehlte ihm Licht.
Er sah niemand nicht.
Die Finger steckt' er in den Steckar.

Ilona erwiderte mit Blick auf die schwäbischen Spezialitäten:

Es war ein Paar in Esslingen,
wo Schwaben in Scharen am Tresen hingen
Kutteln und Soß –

Wie schafft man das bloß?
Wir müssen vor Ekel die Hände ringen.

Zum Thema Schwaben-Bashing:

Die Schwerter Freunde im Sommer 2016:

Es waren zwei komische Knaben,
die kamen - wie sonst auch - aus Schwaben.
Die fuhren nach Münster
und meinten: "Wie finster
die Leute es hier doch noch haben."

Das hatte ein Polizist mitbekommen. Dieser erwiderte:

"Die Leute aus finsterstem Schwaben,
die nachts keine Scheinwerfer haben,
die sollte man packen
und kräftig einsacken,
in'n Käfig - als Futter für Raben..."

(Letzteres als Anspielung auf die Käfige am Lamberti-Kirchturm).

Ilona fertigte einen Gegen-Limerick:

Im Käfig, da hocken zwei Schwaben.
Man kann sich am Anblick schon laben.
Da droben sie greinen.
Wer wird denn da weinen?
Wer Münster beschimpft, ist begraben.

14

Ein Versuch der Schwerter, einen Limerick auf Esslingen zu verfassen:

Die Ilona sitzt nun in Esslingen
und sagt: "Die kannste vergesslingen,
die tolldreisten Schwaben,
ob Mädel, ob Knaben.
Sie zählen doch nur zu den Stresslingen.

Resigniert stellen sie fest: Es geht nun mal leichter auf „Schwaben":

Der Dietmar, der liebt sehr die Schwaben,
wenn sie sich verdünnisiert haben.
Sind alle dann weg,
macht's Leben viel Zweck.
Die Schwaben, die sollt' man vergraben…

Der Traum von der Rückkehr nach Dortmund

Je intensiver Ilona und Dietmar ihre Abneigung gegen das schwäbische Exil pflegten, desto schöner färbten sich ihre Erinnerungen an Dortmund ein. Ilona war dort geboren und aufgewachsen und Dietmar hatte hier studiert. In Dortmund waren sie aufeinandergestoßen und – zum Glück – nicht mehr auseinandergekommen.

Ja, als Dietmar in Esslingen eine Arbeit gefunden hatte, in der er ausgesprochen erfolgreich war, zog Ilona gemeinsam mit ihm dorthin. Auch sie fand mit ihren künstlerischen Aktivitäten eine sinnreiche Erfüllung.

Doch wurden sie – wie es die zahllosen anti-schwäbischen Limericks belegen – mit den Einheimischen nicht so richtig warm.

Als 2015 Dietmars Vorruhestand beschlossen war und das Ende seiner Arbeit im Schwabenland in Aussicht stand, schaute sich Ilona nach einer Zweitwohnung in Dortmund um. Und sie wurde – oh Wunder – ebenda fündig, wo sie 30 Jahre zuvor gelebt hatte:

August 2015:

Und jetzt kommt eine sensationelle Neuigkeit von uns. Vorgeschichte: Unsere ehemalige Vermieterin, Frau F. aus Dortmund, wo wir bis 1991 gewohnt haben, war 2012 gestorben. Ich hatte den beiden Söhnen damals einen sehr persönlichen

Kondolenzbrief geschrieben, weil wir mit Fr. F. bis zum Schluss befreundet waren.

Emigration   (Pastellkreide)   1998

Einer der Söhne schrieb auch einen netten Brief zurück. Ich hatte in meinem Schreiben erwähnt, dass wir eines Tages wieder nach Dortmund zurückkommen werden. Nun rief mich dieser Sohn an, in seiner Eigenschaft als Erbe und neuer Vermieter des Hauses.

Die Dachwohnung würde frei und ob wir Interesse hätten… Ich war zur Zeit des Anrufes nicht da und Herr F. hat auf den AB gesprochen. Mannomann, als ich den Anruf abhörte, kam ich aber in Wallungen!

Nun haben wir ja gerade erst vor einem knappen Jahr die Ferienwohnung in Bad Bergzabern (Südpfalz) gekauft und müssen dafür monatlich 150 Euro Hausgeld zahlen. Jetzt noch eine Wohnung in Dortmund? Da stellt sich uns die Frage, ob wir das finanziell packen. Aber im selben Haus wie früher, mit noch drei Mietern, die ich/wir von damals kenne(n) und sogar auf Du sind! Das ist einfach zu verlockend!

Ich habe dann mit Dietmar einen Abend darüber diskutiert, und wir sind übereingekommen, dass wir die Wohnung mieten werden. Wenn wir dann in 3 ½ Jahren (dann geht Dietmar in Rente) eine größere Wohnung in Dortmund suchen, ist alles viel einfacher als von hier aus!

Wenn wir finanziell mit den zwei Wohnungen überfordert sind, verkaufen wir lieber wieder die Ferienwohnung in Bergzabern. Am folgenden Tag habe ich dann Herrn F. angerufen und zugesagt. Alles ganz easy: weil der uns kennt, brauchen wir nicht extra hin, zum Sich-Vorstellen oder eine Gehaltsbescheinigung vorzulegen etc.

Er schickt den Mietvertrag mit der Post – und fertig! Die Wohnung hat übrigens zwei Zimmer mit „Studentenküche" und Bad. Sie kostet nur wenige Euro incl. Nebenkosten. Ihr könnt Euch nicht vorstellen, wie sehr ich mich freue! Wenn ich etwas jünger wäre, würde ich hüpfen!!

Karin F., mit der wir ja auch ewig schon befreundet sind (die wohnte damals über uns, dann demnächst unter uns) hat einen Schlüssel von der Wohnung (mit Einverständnis des jetzigen Mieters) und durfte Fotos machen. Die hatte ich 2 Stunden später auf dem PC. Die Wohnung ist schön, erst kürzlich renoviert, und man braucht nichts anzustreichen... JIPPPIIEEH!!! Ich freue mich auf good old Düörpm!

Und wir können uns dann auch öfters sehen!! Hoffe ich doch - :) Um Weihnachten herum kommen wir auf jeden Fall nach Dortmund. Ich will auf den Weihnachtsmarkt!!!!! Reibekuchen essen, die auch schmecken (im Gegensatz zu denen in Stuttgart). Die Wohnung ist zum 30.9. vom Vormieter gekündigt, mit dem ich auch schon Kontakt aufgenommen habe.

In der Tat wurde die Ferienwohnung wenig später günstig veräußert. So konzentrierten sich Ilona und Dietmar auf die Einrichtung des Dortmunder Domizils. Da ein alter Küchenschrank und einige antiquierte Gebrauchsgegenstände zu Verfügung standen, fühlte sich Ilona zu einer Kurzgeschichte beflügelt:

Alles Käse   (Pastellkreide)   2005

Der alte Küchenschrank

Es war einmal ein alter Küchenschrank. – Aber halt! Fangen wir
doch lieber beim Anfang an! Es war einmal ein junger
Küchenschrank. Sein Zuhause lag in einer großen Küche, wo es
allerhand Zeugs gab, wovon er am Anfang nicht wusste, wozu es
gut sein sollte. Da war zum Beispiel so ein komischer kleiner
Behälter, der fing immer an zu pfeifen, wenn er aufs Feuer gestellt
wurde.

„Na ja", dachte der junge Küchenschrank und er hätte sich am liebsten am Kopf gekratzt, wenn er es gekonnt hätte, „wenn sie mich mit dem Hintern daraufsetzen würden, pfiff ich noch viel lauter".

Aber mit der Zeit bemerkte er, dass es dem Kessel (denn so hieß der Behälter) gar nichts ausmachte, auf dem Feuer zu stehen – er pfiff eigentlich mehr zum Spaß dabei als aus vermeintlichen Schmerzen.

So nach und nach lernte der junge Küchenschrank auch die anderen Dinge kennen und fühlte sich ganz wohl in seiner Umgebung. Nur mit der Küchenuhr hatte er manchmal Streit, weil sie immerzu alle anderen hetzen wollte:

„Schneller, schneller, schneller!"

Der Küchenschrank aber war eine gemütliche Natur und das dauernde Tick-Tack ging ihm ganz schön auf die Nerven. Als sie wieder einmal stritten, weil sie den armen Suppentopf antrieb, schneller zu kochen, fing die Uhr plötzlich an zu weinen.

„Ja, du, du hast es gut", schluchzte sie zum Küchenschrank hinüber, und vor Kummer ging sie auch sofort fünf Minuten nach.

„Du darfst ruhig und bedächtig da an der Wand stehen, aber ich? Ich muss immer rennen, rennen, rennen. Meinst du, das macht mir Spaß? Aber ich kann nicht anders, und da soll ich auch noch gute Laune haben?" Sie schluchzte noch einmal so laut auf, dass der Stundenzeiger beinahe hinunter gefallen wäre.

„Hmh", dachte der Küchenschrank, „das arme Ding tut mir wirklich leid. In Zukunft werde ich viel netter zu ihr sein." Das tat er auch – und die anderen Geräte in der Küche, die alles mitangehört hatten, taten es ihm nach.

Die Küchenuhr wurde vor Freude wieder freundlicher und gewöhnte sich an, den anderen zuliebe 10 Minuten nachzugehen. Alle in der Küche verstanden sich so gut, dass sie hofften, für immer zusammenzubleiben.

Nun wohnten der Küchenschrank, die Küchenuhr und die anderen Dinge nicht allein dort. Nein, es gab einige Menschen, die jeden Tag die Küche besuchten. Morgens in der Frühe ging es los. Zuerst kamen die Erwachsenen, Frauen und Männer, die holten aus dem Küchenschrank Tassen, Teller, Löffel und so weiter. Manche waren ganz wach und fröhlich, und einige von ihnen waren oft noch ganz müde und hatten Ringe um die Augen.

„Fast so wie meine Jahresringe im Holz", dachte der Küchenschrank. Deshalb mochte er diese Leute ganz besonders gern. Ein bisschen später kamen dann auch Kinder, und dann wurde es immer ziemlich laut in der Küche – so laut, dass der Küchenschrank kein Wort mehr verstehen konnte.

Die Leute mit den Ringen um die Augen sahen dann etwas verzweifelt aus, und der Wasserkessel war beleidigt, weil sein Pfeifen überhört wurde.

Am Mittag wurde für alle Leute gekocht, und fast alle Küchengeräte mussten arbeiten. Der Küchenschrank war der

Einzige, der eigentlich gar nichts tun musste, und manchmal wurde er dafür von den anderen etwas beneidet. Aber er konnte ja nicht mithelfen, er war nun einmal ein Küchenschrank.

Zum Trost erzählte er seinen Küchenkameraden nachts Geschichten von der Zeit, als er noch ein Baum gewesen war. Einmal abends, als er vorher frisch poliert worden war und sich besonders gut fühlte, erzählte er:

„Wie ihr ja wisst, war ich damals ein Kirschbaum. Wenn ihr mich bloß gesehen hättet, wie ich im Frühling immer blühte! Aber ich wollte euch ja etwas ganz anderes erzählen. Im Frühsommer, wenn meine Kirschen reif waren, hatte ich immer besonders viel Spaß. Die Kinder kletterten hinauf in meine Zweige und aßen Kirschen, bis ihnen schlecht wurde. Der Bauer, dem ich gehörte, wusste, dass die Kinder meine Früchte stibitzten, aber er machte sich nichts daraus.

Und so ging es jeden Sommer. Ich dachte, es würde für immer so weitergehen", seufzte der Küchenschrank. Er machte eine kleine Pause und die Küchengeräte hielten den Atem an.

„So erzähl doch weiter", rief der Küchenhobel. Der Küchenschrank fuhr fort:

"Eines Tages gab es große Aufregung. Eine neue Straße sollte gebaut werden, und ich stand genau im Weg! Also sollte ich weg! Aber der Bauer war sehr böse darüber und wollte nicht, dass die Kinder nun im kommenden Sommer keine Kirschen mehr mausen könnten.

Schließlich wurde die Straße genau an mir vorbei gebaut. Mir gefiel das gar nicht, das dauernde Brumm-Wumm an mir vorbei. Aber was sollte ich schon machen? So ein Baum hat ja nichts zu sagen. Eines Abends wurde es ganz schlimm. Ich war schon eingedämmert, als plötzlich – bums –ein Auto genau vor meinen Bauch krachte! Uh, das tat weh!"

Die Küchenkameraden gaben einen kleinen Schrei von sich. Der Küchenschrank erzählte aber weiter:

„Ein Mensch krabbelte aus dem Auto, der hatte eine Beule am Kopf. Er tapste zu mir hin, befühlte meinen Stamm und murmelte: ‚Na, alter Freund, hast du auch eine Beule?' Ich ächzte, aber der Mensch konnte das natürlich nicht hören. Er schlief an Weilchen zu meinen Füßen und torkelte dann zu Fuß auf der Straße weiter.

Danach fühlte ich mich, als hätte ich Maden im Holz. Mir tat alles so weh, dass ich gar keine Lust zum Blühen mehr hatte. Die Bienen und Hummeln kamen vergebens zu mir, und natürlich gab es dann auch keine Kirschen. Der Bauer schüttelte bekümmert seinen Kopf, wenn er mich anschaute, zumal ich auch etwas schief und traurig dastand.

Eines Tages kam er mit einer großen Säge zu mir. Ich bekam einen solch großen Schreck, dass ich ohnmächtig wurde und – stellt euch vor: als ich wieder aufwachte, war ich ein Küchenschrank geworden!"

Der Schrank wurde von der Erinnerung ganz traurig und strich verstohlen eine Träne in die Besteckschublade. Die Geräte waren alle sehr gerührt von der Geschichte. Selbst der Korkenzieher, der sich für etwas Besonderes hielt, knarrte verständnisvoll, und die Küchenuhr tickte voller Verständnis ganz besonders leise.

„Ach", sagte der Küchenschrank, „jetzt, wo wir uns alle so gut verstehen, macht es mir nicht mehr so viel aus. Nur manchmal sehne ich mich nach dem Wind, der Sonne über mir und den lauen Nächten."

Ja, über solche Sachen wurde nachts in der Küche geredet, wenn die Menschen schliefen. Alles hätte immer so bleiben können, aber es blieb nicht so. Eines Tages wurde der gute alte Wasserkessel ersetzt durch ein merkwürdiges Ding, welches furchtbar beim Arbeiten röchelte und schnaufte. Die Menschen nannten es Kaffeemaschine und Fortschritt. Der Küchenschrank dachte:

„Der Wasserkessel hat bei seiner Arbeit vor Vergnügen gepfiffen, aber das da?!" Er wunderte sich sehr darüber, warum dieses Schnaufen für die Menschen Fortschritt war, aber er sagte nichts. Er versuchte lieber, mit dem erbarmungswürdigen Ding Freundschaft zu schließen. Aber irgendwie klappte das nicht. Dieses Etwas lebte immer nur, wenn so ein komischer Stecker in die Wand gesteckt wurde, dann schnaufte und arbeitete es, aber sonst redete es rein gar nichts. Wenn es fertig war, wurde der Stecker herausgezogen, und es war danach vollkommen regungslos und still.

Der Küchenschrank und die anderen Geräte gaben es auf, sich um das Ding zu bemühen, denn dieser neue Fortschritt schien keine anderen Interessen als Schnaufen und Arbeiten zu haben.

Nach und nach wurden alle Küchendinge ausgetauscht. Der lustige Küchenhobel, der zwar manchmal auch etwas ungehobelt war, aber trotzdem liebenswert, wurde ersetzt durch ein unglaublich schnelles Etwas, welches sehr stark röhrte beim Arbeiten. In seiner Freizeit verhielt es sich genauso wie die Kaffeemaschine.

Der Küchenschrank fühlte sich immer einsamer. Er war bald der Einzige, der auch ohne Stecker in der Wand reden und leben konnte. Er grübelte abends oft vor sich hin.

„Was soll ich eigentlich noch hier? Dieses Geschnaufe und Geröhre tagsüber und diese Stille in der Nacht. Das ist doch kein Umgang für mich! Und in letzter Zeit poliert mich auch niemand mehr. Außerdem sehen die Menschen mich neuerdings an, als ob ich voller Holzwürmer wäre!" So ärgerte er sich jeden Abend still vor sich hin. Aber er war ja ein Küchenschrank und konnte nicht einfach irgendwo anders hingehen.

Eines Abends, er dachte gerade wieder an die Zeit zurück, als er noch ein kleiner Baum war, nahmen in einige Männer hoch und trugen ihn hinunter in den dunklen Keller. Es verschlug dem Schrank die Sprache.

„So," sagten die Männer, „für den Keller ist er ja noch ganz gut." Der Küchenschrank war so enttäuscht und wütend, dass er sich beim Abstellen absichtlich so schräg hielt, dass der eine der Männer sich den Kopf stieß. Der Küchenschrank konnte sich aber nicht darüber freuen, denn er war so furchtbar traurig, dass sich alle seine Schubläden so verklemmten, dass niemand sie noch aufbekommen konnte.

Nun stand er in dem trübseligen Keller. Sicher, in der Küche hatte er sich sowieso mit niemandem mehr unterhalten können, aber da war es doch wenigstens hell gewesen, und die Menschen sorgten für Leben. Er träumte nun nur noch vor sich hin und wurde dabei immer älter und älter.

Wie viele Jahre er dort unten gestanden hatte, wusste er nicht, als plötzlich einige Leute in den Keller kamen, die er vorher noch nie gesehen hatte. Sie stellten sich vor ihn hin und sagten:

"Ach, wie ist der schön!", und sie trugen ihn hinauf, in die helle Küche zurück. Er wusste gar nicht, wie ihm geschah und schämte sich wegen seiner vielen Spinnweben. Eine aufgescheuchte Spinne lief über eine Schublade, und der alte Küchenschrank rief:

„Siehst du, ich habe es dir ja immer gesagt!", aber die Spinne wusste gar nicht, wovon er sprach und machte sich verdrossen und eilig davon.

Der Schrank war nun wieder in seiner Küche, und sie erinnerte ihn noch sehr an damals. Da waren auch ein Wasserkessel und ein Küchenhobel und er rief ihnen zu:

„Hallo, da bin ich wieder!" Aber dann merkte er, dass sie zwar ungefähr so alt waren wie er, aber andere waren. Leute lärmten in der Küche, die sahen anders aus als die in der Vergangenheit, aber die Kinder waren denen von früher sehr ähnlich. Der Wasserkessel pfiff in altbekannter Weise und der Hobel war ein bisschen ungehobelt, aber liebenswert.

Der Küchenschrank fühlte, wie alt er war, aber er wurde frisch poliert und er fühlte sich wieder wunderbar gut.

Mit den Möbeln ist es oft zum Göbeln

Soweit das wundervolle Küchenmärchen, das an die Werke von Hans Christian Andersen erinnert. Indes wurden Ilona und Dietmar recht schnell von einer anderen Realität eingeholt: Sie mussten für das Appartement weitere Möbel besorgen. Das klingt einfach, kann aber auch kompliziert sein, wenn die Dienstleistungsstruktur der Anbieter wackelt…

Ilona berichtet von ihrem gut vorbereiteten Einkauf beim Möbelhaus R. Dort hatte Ilona via Internet einen Auslieferungstermin mit einem Herrn Quak vereinbart:

Ich tanzte mit meinen vorbereiteten Internet-Ausdrucken zur Info und fragte nach Herrn Quak (nicht Quax). Der war mir als zuständiger Betreuer für Vorbestellungen angewiesen worden. An der Information wurde mir aber gesagt, Herr Quak werde heute später kommen. Ok.

Ich erklärte mein Anliegen, und die Verkäuferin fragte, ob ich mir nicht zuvor erstmal die Möbel ansehen wolle. Gut. Das Bett habe ich getestet, fühlt sich an wie das in Bergzabern. Also ok. Danach suchte ich die L-Couch. Hmh, nirgends zu finden. Einen Verkäufer befragt, bekam ich die Auskunft, dass dies ein reiner Online-Bestell-Artikel wäre, d.h. die Couch steht nicht bei denen herum, und man kann sie nicht testen. Schlecht.

Also schaute ich mir andere Funktionssofas an. Ich fand eins, das sogar etwas preisgünstiger ist, aber die „normale" Couchform hat, mit Armlehnen und sogar mit Bettkasten. Es ist sehr bequem mit Federkern. Und man kann es in einem sehr schönen Rot-Ton bekommen!! Es ist ganz leicht aufzuklappen ohne großes Brimborium, Liegefläche ca. 110 x 190 cm. Das reicht.

Dann zu den Stühlen. Die zuvor ausgesuchten waren unbequem. Dann habe ich welche gefunden, die bequem sind. Sie kosten allerdings 49,95 pro Stück, aber dafür war das Sideboard, das wir uns ausgesucht haben, um 30 Euro billiger als im Internet angegeben.

Den Tisch fand ich auch noch. An allen Möbelstücken waren kleine Regale, in denen Kärtchen steckten, die nimmt man dann zum Schluss mit zur Infotheke bzw. Bestellung. Als ich alles beisammenhatte, bin ich zurück zur Info.

Inzwischen warteten dort mindestens sieben Leute. Ich bin dann noch herumspaziert und sah, dass nur noch ein Ehepaar dort zugange war. Die Verkäuferin sah inzwischen ziemlich „geschrottet" aus. Andauernd kamen Kunden, die sie einfach anquatschten, obwohl sie mit den anderen Kunden beschäftigt war.

Ich habe das System auf ihrem Bildschirm gesehen, das sah kompliziert aus, und da müsste ich mich auch stark konzentrieren. Na jedenfalls, als ich dran war (und ich war ganz ruhig und relaxt…), und sie nach und nach die Kärtchen ins System eingab, fing sie an zu schluchzen.

Ich tätschelte ihr die Schulter und meinte: „Ganz ruhig, bloß keine Hektik, alles gut!" Die Kunden vor mir müssen alle fürchterlich nervtötend gewesen sein. Sie musste sich die Augen putzen und kriegte sich nicht wieder ein. Dann kam H. Quak um die Ecke, und sie flüchtete weinend, er verdutzt hinter ihr hersehend. Ich klärte ihn dann auf und er brachte die Sache dann zu Ende.

Fazit des Tages:

Gehst du zum R. Möbel kaufen,
musst du einen Wolf dir laufen.
Die Verkäuferin muss weinen,
Grund gab ICH ihr keinen.
Ich muss eine Zeitlang woanders verschnaufen.

Dann kam das große Warten auf die Möbel.

Wenn R. nicht den Koller kriegt, sollten die Möbel Mitte Oktober (2015) kommen. Meine Freundin kennt jemanden, der preisgünstig Möbel zusammenschraubt. Dann muss mein lieber Dietmar das nicht machen. Doch wurden nicht alles Möbel angeliefert – insbesondere ein rotes Sofa nicht…

Kaufst du die Möbel bei R.,
kriegst du 'nen heftigen Koller.

Statt Möbel zu kaufen,
kannst du dich besaufen.
Das Leben wird dadurch noch toller.

Ich saß nun daheim und auf heißesten Kohlen.
Der Teufel soll R. u. Co. gleich mal holen.
Da ist keine Couch.
Ich rufe nur: AUTSCH!
Man sollte die Kerle von R. versohlen.

Wochen später, Ilona war aber wieder nach Esslingen abgereist, kam die Nachricht:

Heute werden die Möbel geliefert – bis auf die Couch, die irgendwann später nachkommt. Toll! Dann bin ich aber nicht mehr hier… Ich bekomme rundherum Hilfestellungen jeglicher Art von den Nachbarn und Freunden. Da weiß man erst, wie beliebt man doch ist!

Einen neu gekauften Fernseher habe ich tatsächlich ans Laufen gebracht (bin technisch nicht so begabt!) Die Möbel baut eine Nachbarin mit ihrem Freund zusammen. Heute kommt Ralf und macht mir im Schlafzimmer eine provisorische Deckenlampe. Läuft alles wie am Schnürchen (bis auf R. GRRR). Ich werde dann ab heute auch immerhin vier Stühle und einen Esstisch haben sowie ein vernünftiges Bett.

Wochen später, Ilona war wieder in Dortmund, kam auch das Sofa:

In Dortmund, da gibt es ein Möbelhaus,
das liefert nicht gleich alle Möbel aus.
Das Sofa, es fehlt,
was Ilona quält.
Heut' kam nun der rötliche Augenschmaus.

Nach dem R.-Drama kam die Fortsetzung bei I.. Dietmar war mit angereist, um die Einrichtung der Wohnung zu vollenden:

Es kaufte ein Paar - fern in Kamen
beim Schweden, das ist zum Erbarmen.
Du weißt, bei I..
Danach kam Nivea.
Nie wieder! Das riefen die Armen.

Wenig später gelang der Abschluss aller Arbeiten, so dass im Freundeskreis eine kleine Einweihungsparty gefeiert werden konnte. Es war ein wunderbarer Spätnachmittag, der sich bis tief in die Nacht hinein verlängerte.

Gewürze   (Pastellkreide)   2001

Wer reisen will, muss leiden

Nun reisten Ilona und Dietmar bei jeder sich bietenden Gelegenheit von Esslingen nach Dortmund, um dort – in der Dachmansarde – unbeschwerte Tage, wenn möglich auch Wochen, zu verleben. Ilona konnte als freie Künstlerin natürlich öfter als ihr Mann verreisen, denn Dietmar musste noch bis 2018 arbeiten, um dann in den verdienten (Vor-)Ruhestand gehen zu können.

Zu den Bahnreisen verfasste Ilona 2015 eine Groteske:

Eine Herbstkomödie – spendiert von der Deutschen Bahn

Dortmund, 26.10.2015, Gleis 11. Laut meiner Fahrkarte und dem Aushangfahrplan legt der IC2013 um 9.52 Uhr ab – Weiterfahrt nach Stuttgart über Bochum, Essen und Düsseldorf-Flughafen. Eigentlich sollte er hier auch eingesetzt werden Er fährt aber um 9.34 Uhr, von Leipzig kommend, ein, worüber ich mich etwas wundere.

Trotzdem steige ich ein. Kaum habe ich meine Tasche in die Ablage gewuchtet, falle ich in meinen Sitz, da der Zug anfährt. Es ist aber erst 9.36 Uhr, gut eine Viertelstunde vor der planmäßigen Abfahrt... Was werden nun all die Fahrgäste machen, die nach 9.36 Uhr den Bahnsteig erreichen?

Wir haben die Stadtgrenze noch nicht erreicht, als die erste Durchsage kommt: „Sehr geehrte Fahrgäste, schnauf, dieser Zug

34

wird heute umgeleitet. Das Personal hat davon nichts gewusst!"
Empörter Schnaufer. „Wegen eines Stellwerkbrands, schnauf,
entfallen die Halte Bochum, Essen, Mülheim und Duisburg.
Schnauf. Wir informieren Sie rechtz...." Die Durchsage bricht ab.
Eine Frau mit zwei riesigen Koffern und zwei Kindern macht
große Augen und fragt mich, ob denn wohl, wie vorgesehen, an
Düsseldorf-Flughafen gehalten werde. Ich riet ihr, den immer
wieder vorbeieilenden Schaffner am Gürtel festzuhalten und ihn
zu fragen.

Nach einigen Minuten stürmt er wieder am Abteil vorbei, doch
durch Winken und Rufen können wir ihn anhalten. „Düsseldorf?
Nä. Weder Flughafen noch Hauptbahnhof. Düsseldorf entfällt!"
„Ja und wie komme ich dann zum Flughafen?" Schnauf, schnauf.
„Ich guck mal in den Plan" Er schnauft noch einmal und enteilt.
Einige Minuten später, Durchsage: „Alle Fahrgäste in Richtung
Düsseldorf und Flughafen müssen in Wuppertal aussteigen.
Schnauf. In die S-Bahn umsteigen schauuuuf (Pause, schnauf)
Gleis 1 vom gleichen Bahnsteig. Dieser Zug hält in Hagen, dann
in Wuppertal schnauf und dann in Solingen." Überall lange
Gesichter. „Wir erreichen in Kürze Wuppertal." Durchsage:
„Dieser Zug hält nicht in, schnauf, Braunschweig." HÄ?

Am Wuppertaler Bahnhof entsteht ein großer Heckmeck. Auf dem
Gleis gegenüber ist gar kein Gleis...Wir rollen aus Wuppertal
raus. Durchsage: „Good evening, ladies and gentlemen", äh
schnauf,, „good morning.......blabla, this train will not stop at
Braunschweig". Spätestens jetzt wissen auch die englisch
sprechenden Fahrgäste, dass Braunschweig irgendwo am Rhein
liegen muss.

Wir rollen in Solingen ein und stehen circa 10 Minuten. Durch den Lautsprecher ertönt dann in voller Lautstärke: „Wir dürfen jetzt weitaaaa!" Ich habe inzwischen den zweiten Lachanfall und beiße in die schmuddelige Auslegeware. Noch später, kurz vor Köln, erklingt eine sächsische Stimme: „Schnauf. Sehr geehrte Fahrgäste. Wir erreichen in Kürze Köln Hauptbahnhof. Wir bedangn uns bei alln, die schnauf die deutsche Boahn gwät ham und wünschn gude Nuschel Nuschel Nuschel schnauf" Durchsage bricht ab.

Während ich überlege, ob der arme Mann mit einem Asthmaanfall zusammengebrochen ist oder sich zum Schluss einen Flachmann genehmigt hat, sehe ich, dass das Personal wechselt. Alle sehen aus, als hätten sie tief in die Hölle geblickt. Die Haare stehen wirr vom Kopf ab. Hinter Köln kam dann eine völlig korrekte Durchsage von einem offensichtlich gutgelaunten Zugführer, und es gab nichts mehr zu lachen. Schade…

Die Schwerter antworteten daraufhin:

Die Ilona musste nach Süden reisen.
Da tat der Brand ein Stellwerk verspeisen.
Die Bahn war nicht dumm.
Sie fuhr einfach um
in andere Städte auf anderen Gleisen.

Hast Du denn gefragt, warum der Zug vor Plan da war? Die Antwort ist einfach: Der war noch vom Vortag übrig und hatte 23,5 Stunden Verspätung. Das bedingte auch die Asthma-Anfälle und das Grufty-Outfit der Bediensteten. Das waren Untote…

Ilona dazu:

Ein Lokführer, lebend in Derne,
der fuhr seinen Zug immer gerne,
bis sein ICE
da stand, jemine,
bis Mitternacht laulos in Werne.

Zwei Frauen   (Bleistift)   1998

Eine weitere Episode

13. Februar 2016. Ich freue mich auf meine Zugfahrt von Plochingen (Schwäbisch Himalaya) nach Dortmund in der ersten Klasse der DB. Sehr früh gebucht, sollte ich zu einem Supersparpreis fahren. Ich habe mir mit Bedacht eine Fahrt ohne Umstieg ausgesucht. Einige Tage vor Reiseantritt bekam ich eine E-Mail der Deutschen Bahn: „Für Ihre gebuchte Fahrt gibt es Änderungen. Bitte informieren Sie sich im aktuellen Fahrplan." Aha? Also im Internet geforscht.

Der Zug fährt nicht bis Dortmund, sondern ich muss in Köln in einen Regionalzug umsteigen. Grummel. Genau das wollte ich vermeiden. Fahren im Regio bedeutet, dass man endlich begreift, wie Sardinen sich in einer Büchse fühlen – und zwar diejenigen, die auf einer hochgefahrenen Heizung gelagert wird.

Ich stelle mich seelisch auf die Fahrt ein. Am Vorabend der Reise schaue ich noch einmal in den aktuellen Fahrplan – und siehe da? Der Zug fährt sehr wohl über Dortmund. Also am nächsten Tag auf nach Plochingen. Auf der großen Anzeigetafel wird für den IC 2012 eine Verspätung von ca. 35 Minuten angezeigt.

Dreimal Grummel. Mein Gatte trinkt noch mit mir einen Kaffee im Café und tritt dann die Heimfahrt an. Zehn Minuten vor dem angesagten Eintreffen des Zuges gehe ich wieder zum Bahnsteig und studiere den Wagenstandanzeiger. Aha, Klasse 1, Wagen 14. Nach dieser Info muss ich mich also bei E aufstellen. Der Zug fährt ein, und ich gebe zu, ich habe die Wagennummer nicht überprüft und steige ein, suche Platz 66. Der ist auch frei und von Stuttgart bis Dortmund reserviert.

Ich hieve die schwere Tasche hoch, plumpse auf den Sitz und schaue mich um. Also, wenn das die erste Klasse ist – wo ist denn da der Unterschied…..Ich frage eine freundliche ältere Dame, ob das hier die erste Klasse sei. „NEINNEIN! Die ist auf der ganz anderen Seite des Zuges, ganz hinten!" Ich erkläre ihr, dass auf dem Bahnhof auf dem Wagenstandanzeiger das so angegeben war, gleich der erste Waggon hinter den Loks. „Ja", sagt sie, „die Loks haben unterwegs die Seiten gewechselt!" Fünfmal Grummel. Ich zerre meine Tasche herunter, werfe mir die Handtasche um den Hals und durchquere gefühlte hundert Waggons, dabei meine Reisetasche wie ein Bollwerk vor mir hertragend.

Urplötzlich zur Gangseite hervorschnellende Köpfe werden nicht immer verschont. Mit geschätzt zweihundert gemurmelten Entschuldigungen presche ich weiter vorwärts. Mir läuft der Schweiß den Nacken hinunter. Vor krabbelnden Kleinkindern auf dem Gang kann ich noch rechtzeitig bremsen und sie werden von den Eltern hastig zurück gerissen.

Meine Arme haben inzwischen eine beachtliche Länge von 1,50 Metern erreicht. Kurz vor dem Bistro treffe ich auf eine Zugbegleiterin. Ich frage schnaufend, wo denn die 1. Klasse sei bzw. Wagen 14. Ich müsse noch das Bistro durchqueren und dann käme die erste Klasse. Ich erkläre ihr, dass der Wagenstandanzeiger eine Fehlinformation vermittelt habe und ich daher am falschen Ende eingestiegen sei.

Sie äußert ihr Bedauern. Ich wühle mich durch das Bistro, wo mehrere Holländer ihren Bierdurst löschen. Für eine Sekunde zögere ich, aber so kurz vor dem Ziel kann man nicht aufgeben. Ich erreiche die 1. Klasse und finde auch Platz 66. Aufatmend wuchte ich die Tasche nach oben, ziehe den Mantel aus, schnappe nach Luft und studiere dann die Reservierungstafel. Da steht: Stuttgart-Dortmund, Fensterplatz. Der ist aber besetzt.

Die Dame, die dort sitzt, meint, den hätte sie reserviert, von Oberstdorf bis Remagen. Ich hole mein Ticket heraus und sage, hier steht: Wagen 14, Platz 66. „Ja", sagt sie, „aber das hier ist leider Wagen 12!" Sie ist sehr freundlich und einfühlsam.

Ich blase die Backen auf, ziehe den Mantel an, kriege die Reisetasche fast nicht mehr getragen und setze meinen Feldzug fort. Ich bin sicher, dass ich inzwischen aussehe wie Catweazle, bis auf den Bart. Im letzten Waggon, und tatsächlich jetzt hinter den Loks, finde ich meinen Platz, der von einem Herrn besetzt ist. Er wechselt dann in die Sitzreihe davor über, da er genau da seinen reservierten Platz hat.

Warum er nun ausgerechnet meinen Platz einnehmen wollte, will ich gar nicht ergründen. Nachdem ich dann endlich sitze und der Schweiß so langsam bis in die Stiefel gelaufen ist, bemerke ich meinen Durst. Aber ich hatte ja gehört, dass man in der 1. Klasse von hinten bis vorne bedient wird und warte auf den Service. Die Zugbegleiterin von vorher kommt und fragt nach dem Ticket. Sie strahlt mich mitleidig an und freut sich, dass ich am Ende nach ungefähr einem Kilometer Dauerlauf doch noch meinen Platz gefunden habe. Ich frage sie, ob ein Getränkewagen durchkäme.

Sie zieht eine Leichen-Bitter-Miene auf. „Es kommt kein Service!"

Ich muss mich zum Bistro durchquälen. Die Holländer sind immer noch da. Ich entscheide mich für Weißwein und Wasser. Dann gehe ich wieder zurück in meinen Waggon. Hinter mir sitzt ein holländisches Ehepaar, das heißt, er sitzt auf der einen Seite des Ganges und sie auf der anderen hinter mir. Obwohl beide recht laut sprechen, fragt jeder von den beiden nach jedem Satz nochmal nach: „HÄ?"

Ich beschließe, mir für die nächste Zugfahrt einen tragbaren CD-Player mit Kopfhörern zu beschaffen. Ab Gelsenkirchen sitze ich mutterseelenallein im Waggon. Der Zug kommt mit nur 12 Minuten Verspätung in Dortmund an. Ich sehe schon vor dem Aussteigen, dass alle Bahnsteige rappelvoll sind mit Fußballfans. Auch das noch!

Mein Versuch, zur U-Bahn vorzudringen, scheitert. Die gelb-schwarzen Schals und Mützen überrollen alles, was in die Gegenrichtung will. Ich gehe also zum Taxistand. Der Taxifahrer lächelt gequält. Zunächst geht es ganz gut voran, aber dann ist alles verstopft.

Ich beschließe, den Rest zu Fuß zu gehen. Der Taxifahrer macht einen fairen Preis, holt mir die Tasche aus dem Kofferraum und ich frage ihn noch, ob BVB denn wenigstens gewonnen hätte. Ja, hätten sie. Na, immerhin. Das ist doch schon mal was.

Ilonas Resümee:

Zwei Dortmunder gingen auf Reise,
Die Flucht aus Schwaben war sch….
Im Zug war viel los,
der Wirrwarr war groß.
Die DB, die hat eine Meise.

Dazu ein Limerick aus Schwerte-Ergste:

Es war ein Fahrgast aus Hacheney,
der hatte 'ne Bahncard, auwei - auwei.
Auf einigen Strecken,
blieb oft er dann stecken
im Tunnel, ich war jeweils mit dabei.

Bei uns blieben in den vergangenen drei Wochen vier Züge aus diversen, aber unerfindlichen Gründen einfach stecken - auf Brücken, in Tunnels - und das stundenlang.

Ilona:

In Unna, da stand ein Ostfriese
und kriegte fürwahr doch die Krise.
Die Bahn streikt wieder mal.
Sie kann mich jetzt mal…
Ich brauch eine frisch-feste Brise!

Indes ist das Reisen auf der Autobahn ebenso beschwerlich. Beim nächsten Mal reiste Ilona nämlich mit dem PKW an und musste viele Staus umfahren:

Die Ilona fuhr auf der Autobahn
und kam dann sogar an dem Zielort an.
Das Navi, nicht dumm,
das leitet sie um
die Staus. Ei! Was das Navi doch alles kann.

Die Fahrt mit dem PKW war fürchterlich! Ich werde mir im neuen Jahr eine Bahncard zulegen.

Meine Zeit in Dortmund war sehr schön und viel zu kurz. Gestern war ich im Westfalenpark und habe die Seele baumeln lassen. Falls Ihr mal nach Do-City fahrt, kehrt doch mal bei dem „Weinkommissar" (jetzt „Weinbar") ein. Ich glaube, die haben insgesamt 200 Weine im Ausschank.

Eine Westfälin war beim Kommissar.
Nicht was Ihr denkt, es ist eine Bar.
Sie tankte Rosé
Und dann, oh weh!
Guckte sie nicht mehr ganz klar.

Der Kommentar aus Schwerte-Ergste:

Überlege Dir das mit der Bahncard gut. Oder du nimmst den Kommissar mit in den Zug. Dann fährst Du glücklich.

Noch eine sächsisch-schwäbische Version:

Ein Autofahrer aus Wambel,
der stand glatt an jeder Ambel.
Er fuhr deshalb Bahn,
kam leider nicht an.
Dann lieber ein Ambel-Gestrambel.

Urlaube und andere Vergnügungen

Ilona und Dietmar hatten eine Ferienwohnung in südpfälzischen Bad Bergzabern erworben, um an den Wochenenden dem schwäbischen Einerlei entfliehen zu können. Die Pfalz hatte mehrere Vorteile:

- Die Entfernung von Esslingen betrug nur 130 Kilometer.
- Die meisten Pfälzer sind weniger eigenbrötlerisch und sehr, sehr freundlich.
- Der Wein und das Essen sind ausgezeichnet – egal, wo man gerade einkehrt.
- Die Lebenshaltung ist wesentlich erschwinglicher als in Schwaben.

So etwas konnte eigentlich nur durch Dortmund getoppt werden, weil die Beiden dort mehr „alte Freunde und Bekannte" hatten. So hatten sich die beiden Freunde aus Schwerte-Ergste in der Pfalz kennengelernt. Man traf sich dort mehrere Male und schwelgte anschließend per Limerick in den Erinnerungen:

Die Schwerter schrieben:

Es war eine Maid aus der Pfalz,
die hatte nen herrlichen Hals.
Der war rank und fein,
da passte viel rein
vom Wein aus der Pfalz jedenfalls.

Ilona dazu:

Ein Pärchen aus Dortmund, das reist in die Pfalz.
Das Wetter in Schwaben, da kriegst du sooon Hals!
Nur einen Tag Sonne:
Dann ist voll die Tonne.
In der Reblaus* ist`s trocken, oh, Gott erhalt`s!

(*Das Stammlokal von Ilona und Dietmar in Bad Bergzabern genau gegenüber dem Schloß)

Ilona und Dietmar zu Weihnachten:

Zum Weihnachtsmarkt in Berzabern!
Ihr könnt uns mal voll einen labern!
Der war ganz schnell aus.
Dann ging's zur Reblaus,
um Rotwein in Mengen zu schlab(b)ern…

Neben der Pfalz gab es auch andere Ferienziele. So liebten Ilona und Dietmar das schöne Frankreich:

Zum Urlaub im Juli 2016 in Langres schrieben die Schwerter:

Es war ein Paar in Langres.
Mit Contenance war's passé.
Sie tranken viel Wein,
schoben Käse sich rein
und machten auf haute voleé.

Auch der Bodensee ist nur gemäßigt schwäbisch. Dietmar wollte dort unbedingt mal mit dem Zeppelin fliegen:

Die Sicht war so klar wie der Schnaps im Glas.
Das machte uns Köhnes wohl mächtigen Spaß.
Doch wo bei der Handen
werden wir landen?
Wenn's gut geht, vielleicht noch im hohen Gras...

Dieser Limerick befand auf einer Postkarte. Die Schwerter dazu:

Vielen Dank für die schöne Postkarte samt Luftschiff. War die Sicht denn tatsächlich so klar?

Ein Pärchen am nebligen Bodensee,
hob ab mit nem Luftschiff, o Weh, o Weh.
Die Sicht wurde frei,
doch unten war Brei.
Es grüßte die Bodensee-Nebelfee.

Die Antwort, nunmehr wieder per Mail:

Es flog mal ein Mann mit dem Zeppelin.
Er konnte weit schauen - fast bis nach Wien.
Die Sicht war schee
von wegen Nebelfee
Man sah sie brummelnd von dannen ziehn.

Dietmar hatte seinen Flug, und er war vollkommen begeistert. Der Urlaub war insgesamt sehr schön. Wir sind einmal mit dem Schiff nach Lindau gefahren und einmal mit der Seilbahn auf den Karren in Österreich bei Dornbirn. Ansonsten schöne Shopping-Stunden mit ganz vielen Schnäppchen für die Wohnung in Dortmund, gemütliche Abende im behaglichen Ferienhäuschen....

Zeppelin NT

Dortmunder Leben

Ilona und Dietmar konnten im Winter 2015/16 ausgerechnet in jenem Haus eine Mansardenwohnung beziehen, wo sie als Paar vor ihrer Umsiedlung nach Schwaben gemeinsam gelebt hatten. Für die Beiden war es so, als hätte es die 29 Jahre dazwischen gar nicht gegeben. Sofort waren die alten Kontakte wiederaufgelebt. Auch fühlte sich das Leben in Dortmund wie all die Jahre zuvor an. Die Dortmund-Limericks spiegeln das wider:

Ilona:

In Dortmund war heut' wieder Weihnachtsmarkt.
Vom Glühwein da wurden wir mächtig erstarkt,
Da sagt' Ilona:
"Das ist nun mal klar:
Hier wird zum Glück nimmer Schwäbisch gequarkt."

Dann brach ein Sturm über Schwerte herein. Die Versicherung von Elisabeth und Gerd hatte ihren Sitz in Ulm. Ilona, nicht ohne Häme, dazu:

Man wär fast versumpft in Westfalen.
Ihr hattet nen Sturm, voll zum Prahlen.
Ihr tut uns schon leid.
Wir schwörn jeden Eid.
Die Schwaben, die sollen was zahlen.

Gegenüber den niederländischen Touristen auf dem Weihnachtsmarkt hatte Ilona ihre Vorbehalte:

Wir gingen vergnügt auf den Weihnachtsmarkt,
bekamen dort beinah nen Herzinfarkt.
Hoch bis an die Ränder
nur lauter Holländer.
Wo haben die bloß die Busse geparkt?

Schon wieder das westfälische Wetter:

Das Mädel aus Dortmund wurde ganz nass.
Trotz Regens ging sie spazieren – voll krass.
Im Zentrum Strandfeuer*
Und gar nicht so teuer.
Machte ihr trotz allen Mistwetters Spaß.

(*ein Getränk zum Rasten und Schmausen)

Ihr seht, Dortmund macht kreativ. Ich könnte stundenlang weiter
Limericks dichten. Der Regen prasselt jetzt auf die Schrägfenster
und ich sitze gemütlich hier im Warmen. Die rote Couch schreit
immer: "Los, werf dich auf mich! Dafür bin ich da! Zum
Verwöhnen geboren!"

Ilona hat bei der Aussicht, im Mai nach Dortmund reisen zu
können, Frühlingsgefühle:

In Esslingen war mal ne Wilde,
die sah die Schwaben nicht milde.
Sie floh mit dem Zug
Sie hatte genug
von Schwaben. Ihr seid nun im Bilde.

Am siebenten des Mai ist's soweit.
Ich fahre nach Dörpm befreit.
Wie stets IC –
mit Auto, ach nee,
Vor Freude mein Herz doch schon heute schreit.

Ilona und Dietmar

Eine Einladung aus Schwerte

Ein alter Rentner aus Schwerte,
Geburtstag zu haben begehrte.
Er lud Hokoe* ein.
Es gibt halbes Schwein.
Drum machten sie sich auf die Fährte.
(*die Abkürzung für Hofmann-Köhne   )

Ilona muss dazu etwas richtigstellen, denn sie war allein angereist:

Der Dietmar, der blieb nun in Schwaben.
Was die an dem Ärmsten nun haben!
Er ist voller Geist.
Der Schwab' ist vergreist.
Man könnt' ihn schon halbwegs vergraben.

Im Juni 2016 war Dietmar nachgereist:

Ein Pärchen floh einstmals aus Schwaben,
um schwablos Erholung zu haben.
Sie hatten auch Schwein
und fanden sich ein
in Dortmund am Wall und am Graben.

Einst saß ich auf heißesten Kohlen.
Ich scharrte mit Füßen und Sohlen.
Halt' durch, Mägdelein!
Bald wird es so sein:
In Düörpm springst du wie ein Fohlen.

Ilona äußert sich im August 2016 zum Weinbau am Phoenix-See:

Phoenix, der aschige, ist lange schon fort.
Ein See ist gebaggert jetzt an diesem Ort.
Weinbau will man wagen.
Mir dreht sich der Magen.
Der Wein auf dem Schotter, die spinnen. Oh Lord!

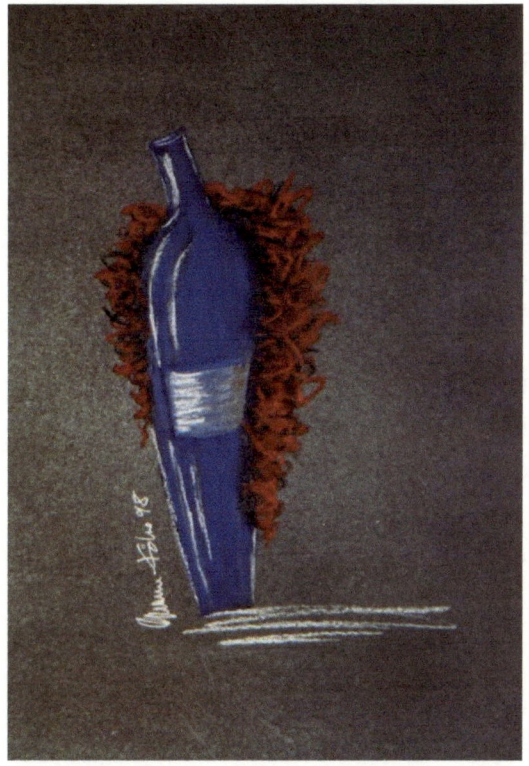

Blaue Flasche   (Pastellkreide)   1998
Entwurf zum Weinetikettenwettbewerb

Zum Herbst kam die Grippe – planmäßiger, als die Bahn verkehrt.
Gerd dazu:

Ein alter Schwede aus Lund,
der hustete fett und auch rund.
Er ging in die Sauna.
Der war wohl ganz schlau, na?
Nun ist er schon wieder gesund.

Zum Husten in der Grippezeit schreibt Ilona:

In Esslingen waren zwei Kranke,
die packte ein guter Gedanke.
Sie sonnten den Hut.
Das tat ihnen gut.
Der Apotheker sagt Danke.

Es war ein Paar tief im Süden.
Es tat dort ganz plötzlich ermüden,
auch hustet' es so.
Man hört's bis Soho.
Sie blieben im Bette, die Trüben.

Trotzdem ging's wenig später wieder nach Dortmund:

Heute ging Ilona nochmal in den Park,
genoss den Sonnenschein bis tief ins Mark.
Ihr Herz wurde trist.
Morgen Abreise – Mist!
Doch bald schon zurück, und das ohne Quark.

Maladiöses

Ab einem gewissen Alter noch älter zu werden, ist nichts für Weicheier. Umso lieber tauscht man sich mit Leidgenossen*innen über diverse Gebrechen und deren mentale Bewältigung aus.

Die Freunde aus Schwerte-Ergste meinen, dass an allem das Wetter schuld ist. Und woher kommt das miese Wetter?

Der Regen fällt reichlich in Ergste,
woran das wohl liegt, ja, das merkste:
am südlichen Wind,
dem schwäbischen Kind.
Das ist für uns alle das Stärkste.

Auch bieten sie eine praktische Lösung an, wie sie zum Beispiel Holsteinisches Geflügel anstrebt:

Es war in dem schönen Malente
'ne alte, schabrackige Ente.
Die meinte vor Scham:
"Ich bin gar so lahm.
Ich geh morgen besser in Rente…"

Ilona:

In Dortmund war mal ein Mägdelein,
es lebte vergnügt in den Tag hinein
Bei grausigem Wetter
dacht` es sich, it`s better,
ich bleib drinnen hocken beim Kerzenschein.

Ich sitze wieder in meinem Adlerhorst. Ab heute ist der Weihnachtsmarkt auf, aber das Wetter ist ja nur ekelhaft. Ich muss noch ein paar Sachen in der Stadt besorgen.....

In Schwerte-Ergste hat Gerd Rückenprobleme. Ilona versucht, ihn zu trösten:

In Schwerte, da lebt ein armer Mann.
Vor Schmerzen er nicht mehr laufen kann.
Er schont und wärmt,
ist ziemlich verhärmt.
Sein Ischias ist ein gemeiner Tyrann.

Wer so schön trösten kann, den erwischt es bisweilen selbst. Ilona wenige Tage später:

So verbringe ich das Wochenende mit Wärmeflasche im Rücken, Rückengymnastik, Rückenübungen. Denn der Ischias ist wie ein Feuerwehrschlauch angeschwollen und verhindert Denken, Fühlen und Wollen. Aber lieber Rücken haben, als zu sein bei Schwaben.

Ilona steht lang schon am Hange,
sie denkt behutsam und lange:
"Das ist kein Vergnügen,
den Rücken zu biegen."
Der Zustand, er macht sie fast bange.

Ein Omen, ungelogen, als Steinchen kam es geflogen…

Ilona berichtet über eine orthopädische Behandlung ihres maladen Rückens im Frühjahr 2017. Sie war vorsorglich von Schwaben nach Dortmund geflohen:

Wir waren, wie Ihr wisst, in Dortmund. Am 26.3. hatte ich wieder einen Termin beim selben Orthopäden, der nochmals geröntgt und grünes Licht gegeben hat: Stiefel nicht mehr nötig! Nur noch eine Bandage. Also spazierte eine überaus glückliche Ilona mit Dietmar an der Seite durch die Stadt und den Westfalenpark. Viele nette Begegnungen und Erlebnisse.

Und damit wir bloß nicht zu glücklich werden, knallte uns auf der Rückfahrt ein Steinchen in die Windschutzscheibe. Zuerst war es eine kleine Stelle, wie ein 2-Cent-Stück, aber am nächsten Tag waren es 20 cm……Der ganze Spaß hat uns 550 Euro gekostet. Was will uns das Universum damit sagen? Sollen gar nicht mehr nach Schwaben zurückfahren?

Der nächste gemeinsame Dortmunder Aufenthalt im Mai wird per Bahn gemeistert, die Tickets habe ich schon! Allerdings komme ich vorher am 21.4. nochmal für 8 Tage allein.

Zur in einem Jahr anstehenden Verrentung von Dietmar ein Ruhrpottlimerick:

Dietmar, woll, is die Tage am zählen.
Dann kann er seinen Ruhestand wählen.
Er kricht die Pimpernellen,
sich aus dem Bett zu pellen,
und ruft „Ich will mich nich mehr quälen!"

Dietmar

Vom Rücken bis zum Magen muss man viel ertragen

Ilona musste sich einer Speiseröhren-OP unterziehen. Sie verlor aber nicht ihre Zuversicht:

In Schwaben, da gibt es auch Typen,
die haben im Bauche Polypen.
Ich denke: "Au weih!
Im Bauch Polizei?!"
Das kann mich fürwahr nicht entzücken.

Leider hatte es Ilona außerdem – schon wieder – im Rücken. Mit Humor versucht sie es zu ertragen:

Ein Mädchen aus Düörpm hielt sich den Rücken.
Ja, was nur da tat sie bedrücken?
Die Hexe schoss
den Ischias kross.
Nun kann sich das Mädel nicht bücken.

Dann suchte sie den Orthopäden ihres Vertrauens auf:

Ein Arzt aus dem schönen Westfalen,
der kannte doch Ilonas Qualen.
Er gab ihr ne Schiene.
Auf hellte die Miene
der Ilona nebst dem Gemahlen.

Ilona zu einem Hexenschuss, der sie kurz vor der Abreise von Esslingen nach Dortmund ereilte:

Die Hokoes labten sich prächtig im „Besen".*
Sie tranken und aßen, als wär nichts gewesen.
Heute die Straf´:
Sie war nicht ganz brav.
Habt Ihr den Glöckner von Notre Dame gelesen?
(*sogenannte Besenwirtschaft in Esslingen)

Ich versuche es diesmal mit Eis Packs. Ich habe gelesen, Wärme sei ganz falsch bei Nervenreizung. Nun haben wir für Freitag Zugtickets nach Dortmund gebucht, die werde ich wohl annullieren müssen. Mit dem Auto geht es dann besser. Riesenseufzer…..
Dazu die tröstenden Worte aus Schwerte-Ergste:

Ne Winzerin aus Bernkastel Kues,
die litt stets unter nem Hexenschuss,
wenn sie Eiswein trank.
Doch gab', Gott sei dank,
noch Glühwein - mit einem starken Schuss.

Der Sturz in Altenbeken

Auf einer Feier im Kreise von Dietmars Freunden in Altenbeken bei Paderborn, stürzte Ilona im Sommer 2018 unglücklich:

Eine Dortmunderin weilte einst in Altenbeken.
Es war im Julei und sie kam nicht zum Beten.
Es wurde gefeiert.
Sie ist geeiert
Und landete auf dem Rücken, es half kein Kneten.

Tja, dieses Jahr ist wohl nicht mein Jahr. Ich bin auf einem glatten Fußboden in schicken Sandalen mit glatten Sohlen schön hingeknallt. Inzwischen muss ich nicht mehr auf dem Sitzring sitzen, aber der Fuß ist noch nicht so ganz in Ordnung. Ausgerechnet der Knochen, der Ende Februar gebrochen war, ist betroffen. Ob man wohl in dem Alter nur noch mit Birkenstock/Kreppsohlen rumläuft???? Hotelbars mit glatten Böden rigoros meidet? Nur noch zuhause auf rutschfesten Untergründen sein Dasein fristet? Sagt mir ehrlich Eure Meinung dazu.

Die kam dann auch:

Ein Mädchen aus Dortmund-Kronen, *
das wollte sich redlich schonen.
Drum fuhr sie ins Münsterland,
stürzte ab, ganz unverwandt.
Das tat sich wirklich nicht lohnen.
(*eine Anspielung auf die Wohnung in der Kronenstraße)

Das sind keine guten Nachrichten. Aber warum ereignet sich das in Altenbeken? Da hat man doch vor einigen Jahren ein Skelett ausgebuddelt und mit Verwunderung festgestellt, dass es sich um einen homo sapiens handelt - der erste seiner Art in dieser Gegend.

Seid froh, dass Euer Besuch in Altenbeken relativ glimpflich abgelaufen ist und die Mumie von Altenbeken Euch nicht nachgestellt hat.

Pardon... Habt Ihr etwa Verwandte in Altenbeken? Dann handelt es sich bestimmt um Völkerkundler, die das Leben in dieser Gegend erforschen. Es gibt sogar einen Bahnhof in Altenbeken. Aber die Zugbegleiter weisen die Fahrgäste an, die Fenster und Türen zu verriegeln und alles abzudunkeln. Man sollte sich so etwas nicht ansehen. Wie dem auch sei: Gute Besserung und schnelle Heilung.

Dann kam im Herbst 2018 noch eine Blasenentzündung dazu:

Ilona litt sehr an der Blase.
Man sah ihr das an an der Nase.
Sie trank drum nur Tee
aus Kräutern, oh weh!
Wann kommt sie raus aus dieser Phase?

Dazu der Gegen-Limerick aus Schwerte:

Die Ilona lag wohl im Grase,
das schadete sehr ihrer Blase.
Nun trinkt diese Fee
entsetzlichen Tee,
isst Globuli, dass ich nicht rase.

Skulptur Eden1   (Bleiblech)   2005

Geburtstags- und auch Jahresfeste sind fürwahr das Allerbeste

Osterlimericks:

Zwei Schwaben, die warn in Westfalen. –
Ich frag' mich, zu wievielten Malen? –
um Ostern zu feiern
mit Dortmunder Eiern.
Die Schwaben bekamen die Schalen…

Es war eine Nonne in Soest,
die sagte: "Ihr Freunde, nun Prost!
Es nahet sich Ostern,
in unseren Klostern,
selbst wenn das Glas ist bemoost."

Ein alter Pfälzer aus Weyher,
der suchte zu Ostern die Eier.
Die Henne ward flugs,
geholt von dem Fuchs.
Da meinte der Pfälzer: "Au weia!"

Weihnachtsschmuck auf schwäbisch:

Ne Schwäbin fing draußen zu schmücken an –
bis hin zum siebenten Weihnachtsmann.
Der Nachbar hegt Groll.
Das will sie da woll?
Und stellt ein paar Engel noch dran.

Ein Schwabe schmückte mit Lichterketten
den Garten. Das ärgert die Nachbarn, wetten?
Die Tür mancher knallt.
Die bröselt dann bald.
Wir schaun, ob auch wir ein paar Lichter hätten.

Ein Pärchen im finsteren Schwaben,
das suchte am Weihnachtsbaum Gaben.
Das Christkind sagt: "Nee!
Für Euch gibt's nur Schnee!
Für Schwaben wir sonst nichts mehr haben."

Herbstzeitlimerick:

Wenn die Nebel fleißig waben
durch das finstre Land der Schwaben,
dann bin ich vor Unmut dicht,
suche innres Gleichgewicht,
muss am Pfälzer Wein mich laben.

Wir saßen nun wieder in Esslingen fest.
Dietmar, der dachte: ‚Das gibt mir den Rest.
Wird sie mich noch beißen,
oder will sie ausreißen?
Am besten, ich bind` sie am Stuhle gleich fest.

Nun sind wir seit Montag, dem 10. Oktober (2016), zurück aus Bad Bergzabern (Pfalz) und hocken in Esslingen. Es kommt mir schon wieder wie eine Ewigkeit vor…. Hier sind über Nacht alle Blätter der Bäume gelb geworden und fallen ab. Das war es dann wohl – kein goldener Oktober, sondern ein kahler.

Aber in 28 Tagen sehe ich den Florian wieder – juchhuuuu! Keine Sorge… Es handelt sich lediglich um den Funkturm im Westfalenpark.

Daraufhin wurde es gewaltig poetisch:
„Ich habe ein Herbstgedicht geschrieben, wir haben es uns soeben angehört!"

Er kann mir nichts vormachen
mit seinem strahlendblauen Lachen
und dem warmen Augenzwinkern.
Ahn ich doch längst das Knistern der Blätter,
die Veränderung der Farben,
das lautlose Fallen.
Versucht er mich zu verwirren
am Mittag
mit heißen Berührungen auf meiner Haut?
Aber ich sah schon die Eichhörnchen,
wie sie Nüsse vergruben
in der Dämmerung
verstellt er sich nicht länger
und streicht mir kalten Wind um die Lippen.
So kann ich dich nehmen,
wie du bist.
Streich`mir morgens noch den Tau auf`s Butterbrot.
Heule nachts an meinen Fenstern.
Reiß mir die Haare vom Kopf.
Durchtränke mich mit deinen stürmischen kalten Tränen,
bis du grau wirst und stirbst –
du Avant Garde des Winters.

Fachwerkhaus   (Linolschnitt)   2000

Wo ein Gedicht entstanden ist, muss ein zweites nachrücken. Nun werden die Schwaben und ihr Reinlichkeitsdrang aufs Korn genommen, der beim Laubfegen an seine Grenzen stößt. Ilona am 1. November 2016:

Ach, ich wollt` ich wär ein Baum.
Dürft` mit Blättern schmeißen
Alles, was da hängt herum,
dann mit Inbrunst voll abreißen.
Wind, den nähm` ich zum Kumpan,
bläst das Laub nach nebenan.
Und wohin, ist ihm egal.
Macht ihm Spaß nur allemal,
wenn die Nachbarn lauthals klagen
beim verkniffnen Blätterjagen.
Denn sie fegen ohne Glück,
Wind bläst Blätter schnell zurück.
Stillvergnügt behält der Baum
noch sein letztes Kontingent,
denn es ist sein liebster Traum,
dass der Nachbar nochmals rennt.
Dann in einer kalten Nacht
rupft der Wind mit aller Macht
letztes Laub in aller Schnelle.
Totlaub fliegt sodann zur Stelle
und der Nachbar murrt und schreit.
Wer ihn nun vom Laub befreit?
Da hilft ihm kein Lamentieren,
muss die Blätter neu sortieren.

Und der Schwabenwind der grinst,
murmelt leis ein Wortgespinst:
„Ach, desch gäht ihm auf die Knoche!
Kehren musch er alle Woche!
Hilft ihm nischts, mich, Wind, zu hasse.
Denn isch bin wohl nett zu fasse."

Weihnachten

Zu Weihnachten kam der Grippevirus nach Esslingen:

Ein Paar war am Schniefen und Husten
und Nadeln vom Weihnachtsbaum pusten.
Der ist nun kahl.
Nun sehet doch mal:
Die Nachbarn Ersatz kaufen mussten.

Kaum genesen, reiste Ilona flugs, nach Dortmund, weil dort ein
Rohrbruch im Appartement auf sie wartete:

Das Abwasserrohr, das war nun leck.
Der Handwerker, der war gar kein Jeck.
Er sprach: Ne? Und: Woll?
Ilona fand's toll.
Er kam doch aus Holland, von Enschede, weck.

Wir sind ja auch ab 23.12.2016 wieder da. Wenn Ihr Lust habt, könnten wir uns mal treffen.
Die Erwiderung kam prompt:

Ein Pärchen aus eisigem Ergste,
das freute sich wirklich aufs Stärkste,
dass Ilona feiert.
Wir kommen geeiert!
Dass wir dann schon da sind, das merkste.

Ilona zur Jahreswende 2017/18 in der Kronenstraße in Dortmund:

Das alte Jahr, es ist verweht.
Der Zahn der Zeit, der hat's gemäht.
Wir warten auf's Neue
und hoffen mit Treue,
dass man uns kein Gebrauchtes hat angedreht.

Dann ging es zurück nach Esslingen:

Aus Dortmund kehrten sie zurück, oh Schreck!
Hier ist's gar so sauber, adrett, ohne Dreck.
Kein Rest von Raketen
oder Böllerpaketen.
Der Schwabe putzt`s mit der Zahnbürsten weck.

Das ist ein Kulturschock der anderen Art. Als ob es Silvester nie gegeben hätte…… Im Stadewäldchen sah es natürlich grauenhaft aus, bis die Stadtreinigung das erstmal bewältigt hat…..Abber dat is Dortmund, woll?!

Ionas 60. Geburtstag im Februar 2017

In Esslingen saß einst Ilönchen,
las Limericks und lacht sich ins Krönchen.
Ist sechzig nun bald.
Das lässt sie schlicht kalt.
Die Freunde sind das Salz auf den Böhnchen.

Auf Ilonas Geburtstagsfeier zum 60. hatte sich eine fremde Gruppe in den Raum der Geburtstagesgesellschaft verirrt. Ein älterer Herr bestand darauf, an der Garderobe einen Mantel mitzunehmen, der ihm gar nicht gehörte.

Geburtstagsfeier

72

Ilona dazu:

Eine bizarre Situation: Ihr Lieben, nun könnt Ihr es doch zugeben: Die Mantelnummer war ein Beitrag aus der „versteckten Kamera" oder „Verstehen Sie Spaß". Dietmar und mir gefiel besonders der Berliner Dialekt des männlichen Mantelsuchers.

Seine Begleiterin hatte nicht so richtig in ihre Rolle reingefunden. Sie wühlte in unseren Mänteln und Jacken herum, als ginge es darum, auf die Schnelle alle Kreditkarten abzuschöpfen... Das war zu plump.

Der Kellner, der uns zurechtwies, dass hier so etwas vollkommen normal sei, war hingegen eine Klasse für sich. Er spielte den psychisch gestörten Oberkellner perfekt. Die alte Dame, die zum Schluss noch auftrat, war anrührend, nur vergaß sie in ihrer Aufregung, die Angelegenheit richtig aufzulösen und mit lauter Stimme zu rufen: "April, April!" oder: "Na, wo sind wir wohl? In der Sendung mit der versteckten Kamera?"

Die Sache ruft nach Wiederholung. Vielleicht könnten wir uns noch einmal einfinden. Nun aber genug gelästert. Es war inklusive Mantelnummer einfach herrlich. Vielen herzlichen Dank!

Im Stadewäldchen waren wir zu 20 vereint.
S` war eine tolle Runde, wie es mir scheint.
Reden, Gags und Spiel.
Es wurd keinem zu viel.
Später Ilona ein Tränchen der Rührung weint.

Es war für mich ein wunderschönes Geburtstagsfest, und ich habe mich riesig gefreut. Ich habe all die Geburtstagskarten und Reden am Sonntag noch einmal durchgelesen. Soviel Wertschätzung mir gegenüber – das tut einfach gut.

Die Antwort aus Schwerte-Ergste:
Im Stadewäldchen, wohl hinter der Buche,
da ging man beharrlich auf Mantelsuche.
„Der Deine ist mein.
Nein! Der wird es sein!",
so quakte der Mantel-Weg-Grabsch-Eunuche.

Geburtstagsfeier

Volksfeschte in Dortmund und Schwaben

Der französische Markt in Esslingen

Morgen gehen wir in die Esslinger City, wo der alljährliche französische Markt stattfindet. Tolle Käse, luftgetrocknete Würste, Oliven, Macarons...... Schwaben sieht man da eher wenige – man hört dafür viele englische und französische Laute. Die Schwaben gehen da gerne an den Ständen vorbei und krähen lauthals, „dass dees älles viiiel zo deuer wär......" Beim Aldi gäbs den gleichen Käs um die Hälfte...... Hierzu muss ich, glaube ich, nichts weiter schreiben, oder? Am 23.3.2016 sitze ich wieder im Zug nach Dortmund. Jippppieeh!!

Die Freunde aus Schwerte-Ergste dazu:

Auf dem französischen Markt,
wurde sehr viel auf Englisch gequarkt.
Was sie dort nicht haben,
sind labernde Schwaben.
Durch sie wird der Aldi erstarkt.

Die Reaktion:

Da waren zwei Dörpener in Schwaben, die zählten
die Monate, wie lange sie sich da noch quälten:
Dreiundzwanzig noch!
Dann endet das Joch.
Sie verlassen das Land, mit dem sie sich nie vermählten.

Solange versuchen wir, uns es hier einigermaßen angenehm zu gestalten……

Die Gegenfrage aus Ergste zielt auf die damalige Ferienwohnung, die Ilona und Dietmar in Bad Bergzabern (Pfalz) hatten:

Ihr habt von den Schwaben nen dicken Hals?
Drum fahrt nach Berzabern wohl in die Pfalz.
Ihr Lieben, dort hätten
wir viele Gaststätten.
Dort isst man und trinkt man wohl jedenfalls...

Daraufhin fahren Ilona und Dietmar tatsächlich in die Pfalz. Auf der Rückreise nach Esslingen:

Jedes Mal, wenn auf der Autobahn das Schild „Baden-Württemberg" auftaucht, geht meine Laune den Bach runter. (Und es steht da nicht etwa „Herzlich willkommen in Baden-Württemberg" so wie z.B. in der Pfalz), nein, nur der Hinweis „Baden-Württemberg". Ich finde, es sollte ein Zusatz auf das Schild: „Reigschmeckte müssen draußen bleiben".

Unsere Freundin Ilse hat hier alles wieder im Top-Zustand hinterlassen, sie hat sogar zweimal Rasen gemäht (macht sie leidenschaftlich gerne). Wir trösten uns mit dem schönen Wetter und hoffen, Pfingstsonntag, an unserem 35. Kennengelernt-Tag, zu Fuß in die Esslinger Weinberge gehen zu können, zum Weinbüdchen von den Jungwinzern. Die jungen Leute, die das betreiben, sind aufgeschlossener und sie schenken auch großzügig ein. Es gibt also noch Hoffnung für das Schwabenländle.

Dennoch, in Dortmund ist alles mindestens ein wenig schöner:

Dortmund à la carte, ja das wär toll.
Auf Maultaschen hab ich nur noch Groll.
Der Teig ist hart.
Die Füllung nicht zart.
Von Spätzle hab ich die Nase voll.

Ein Jahr später berichtet Ilona von dem Tag der Jungwinzer im Esslingen. Es handelt sich dabei um eine Traditionsveranstaltung zur Vermarktung der einheimischen Weine:

Pfingstmontag waren wir endlich bei den Jungwinzern im Weinberg. Leider waren aber die Jungwinzer nicht vor Ort, sondern ein älteres Ehepaar machte Vertretung. Ooooooooooh, denen musste man jedes Wort mit Gewalt entreißen.

Sie bemerkten natürlich gleich, dass wir keine Schwaben sind und fragten, wo wir herkämen. Ich habe geantwortet: „Esslingen." Daraufhin waren sie verwirrt. Später kam noch ein anderes Paar mit Hund, auch Esslinger, und wir kamen ins Gespräch.

Es ging um die ewige Verschmutzung durch Jugendliche da oben im Weinberg (leere Flaschen, zum Teil zerdeppert usw.) und ich erwähnte, dass ich diesbezüglich an den Oberbürgermeister mal einen Brief geschrieben hätte.

Die Jungwinzervertretung staunte. Es war wieder mal typisch schwäbisch. Wenn Du hier nicht breitestes Schwäbisch sprichst, bist Du gleich raus bei den Älteren. Aber nicht mehr lange, wir zählen ja schon die Monate.

Das Zwiebelfescht

Eine weitere Traditionsveranstaltung in Esslingen ist das Zwiebelfest (u. A. 2018):

Zwei Dortmunder weilten auf dem Zwiebelfescht.
Sie wurden gefragt "Kummet ihr aus diesem Nescht"?
Sie riefen „Hanoi!"
und tranken Woi.
Dann flüchteten sie, denn das war das Bescht.

Ein Limerick aus Ergste zum Trollinger:

Die Pfälzer erfanden den Scheurigen.
Die Wiener nannten ihn Heurigen.
Trollinger ist schlimm.
Da macht es Bimmbimm
im Kopf, beim Adel und auch beim Bäurigen.

Das Weinfest in Dortmund (Sommer 2018)

Weil es dort außer Wein keine Bewirtung mit Essbarem gab, buken die Schwerter Brötchen. Waren diese ein wenig hart geraten?

Ilona dazu:

Einst lebte ein Mädchen, Maria,
mit Georgio in der Pizzeria.
Sie buk dort das Brot,
so hart, welche Not.
Das fraß dann der Esel mit "ia".

Die Trotzreaktion aus Ergste:

Einst waren Ergster beim Backen,
die brummten: „Wie hart soll ich's packen? "
Sie buken dann Brötchen
und war 'n doch nicht Blödchen.
Sie aßen sie selbst und das ohne Schnacken.

Weinfest in Dortmund

Der Lottogewinn

Ilona hatte im Lotto gewonnen:

Eine waschechte Düörpmnerin hatte zum Jubeln allen Grund.
Sie sah auf ihr Konto und sie rieb sich die Augen ganz wund.
Im Lotto gewonnen
oder nur gesponnen?
Es ist wirklich wahr, und sie freut sich wie`n Hund.

Naja, keine Million, aber 777 Euro.... mein Einsatz waren 70 Cent...Mit dem Gewinn sind auf jeden Fall 10 Hin-und Rückfahrkarten Hanoi-Dortmund gesichert!!

Die Schwerter dazu:

Zwei ungewollte Hanoier,
die meinten, dort sei es zu teuer.
Drum setzten sie ein
im Lotto `nen Schein.
Das Konto, es schwoll ungeheuer.

Von 70 Cent auf 77.700, das ist doch mal eine Verzinsung! Kann man bei Euch auch geringfügig höhere Summen zum gleichen Zinssatz anlegen? Wir dächten da an einen schlappen Hunni. Ihr macht das schon...

Schwabologisches

Im Herbst 2018 nimmt Ilona endgültig Abschied von Esslingen. Das gab Anlass zu weiteren Schwaben-Lästereien:

Die Zeit, die rennt, die rennt, und Ilona pennt? Tut sie nicht! Bereitet vor das finale Event. Gartendeko? Weg damit. Altkleider? Diakonie. Fazit: Dietmar fürchtet, dass sie ihn noch mit dazu packt…

Alle Zeichen stehen auf Aufbruch. Eine nette Frau, die ich im Juli kennenlernte, nimmt mit Begeisterung alle Gartendeko und auch die Gartenmöbel. Nette Schwäbin – tja, das Beste kommt wohl immer zum Schluss! Eine außergewöhnliche junge Frau, die laut. Ihrem Lebenspartner bei den Landsleuten als etwas durchgeknallt gilt. Genau das macht sie mir sympathisch!

Aus Schwerte wird eine wissenschaftliche Erörterung über die Entstehung der Schwaben geliefert:

Das hat man in Essen vergessen,
dass Schwaben sind darauf versessen,
mit Müttern und Ammen
aus Essen zu stammen.
Das muss der Westfale erst fressen.

Da staunt Ihr aber: Als die Normannen im achten Jahrhundert Duisburg eroberten, da sind sie die Ruhr hinaufgepaddelt und haben alle Essener Frauen - ob Mütter oder Ammen - nach Schwaben verschleppt. Da dort die suebische Urbevölkerung total verkommen war, hat man sie mit den Westfälinnen aus Essen gekreuzt. Das hat bei den Nachfahren zwar einen klugen Verstand ergeben, aber das Suebische hat sich im Charakter und insbesondere in Form einer eigenartigen Sprache ausgeprägt. Nun wisst Ihr endlich, was es mit dem Westfälischen in der Seele der Schwaben auf sich hat. Wir hoffen, dass diese erst jüngsthin entdeckte historische Wahrheit Euch beim Verständnis dessen, was Ihr da erdulden musstet, hilfreich ist. Übrigens: Die Normannen machten auch einen Gegenversuch - aber zum Glück nur im Kleinen. Sie verpflanzten einige Schwaben in den Norden von Bottrop und zwar in der Nähe der Postmoore. Einige wenige Exemplare haben sich in der Nachkommenschaft erhalten. Der Ortsteil, wo sie sich zusammengerottet haben, heißt heute Ekel. Schaut bei Google nach, und Ihr werdet es bestätigt finden.

In Bottrop, da lebten Sueben,
die wollte man nicht mehr - so eben –
in diesen Landen ertragen.
Man lud sie auf alte Bahnwagen
und ließ sie nach Schwaben entschweben.

Was meint Ihr denn, woher die schwäbische Sprache kommt? Man kredenzte dereinst bei der Verbannung aus Ekel diesen armen Leuten das besagte Grubenwasser nebst den anderen ebenso wenig schmackhaften Speisen. Als die Schwaben dann endlich an ihrem Bestimmungsort auf der Alb angekommen waren, haben sie nur noch merkwürdig guttural geröchelt - also das heutige Schwäbisch anlautiert. Die dort ansässige Urbevölkerung, des Sprechens noch nicht mächtig, hat das einfach nachgemacht, und so kam diese merkwürdige Klangfarbe zustande, die wir heute noch ertragen müssen. Nun können wir in Einzelheiten gehen und zum Beispiel das Lautieren des normalen "S" als "Sch" erklären. Das hängt damit zusammen, dass das Grubenwasser noch kochend heiß war und die Sueben "heiß" sagen wollten. Es kam aber nur ein "Heisch" heraus. Ihr seht, dass wir Westfalen ein Stück weit selbst an dieser Albmisere mittragen. Trotzdem können wir verstehen, dass man es dort nicht aushält.

Gerd Hallen

Die Antwort- nunmehr aus Dortmund:

Gerd, Du bist ein alter Schlingel – man weiß nie, was Dichtung und was Wahrheit ist. Ich habe aber auf Wikipedia nachgelesen, dass die Normannen tatsächlich in Duisburg waren. Nur das mit den Essener Mägdelein konnte man dort nicht nachlesen, aber dass Ekel tatsächlich ein Vorort in Bottrop ist… zum Schreien!!

So kam sie zurück nach Esslingen, die Dörpener Magd.
Sie wollte das aber gar nicht und war arg verzagt.
Dietmar jubelte
und sie dudelte
zum hundertsten Mal Westernhagen, der ist stark angesagt.

Dann folgte eine weitere gute Nachricht. Ilona und Dietmar konnten im gleichen Haus eine größere Wohnung im ersten Obergeschoss beziehen – gerade so groß, dass es sich dort dauerhaft leben ließ:

Ich hatte eine richtig schöne, wenn auch zu kurze Woche in Dortmund. Ein gutes Telefongespräch mit dem neuen Vermieter, der nochmals bekräftigte, dass wir natürlich die Wohnung von Karin bekommen, nur will er vorher das Bad renovieren und auch Heizung erneuern.

Es sieht also ganz danach aus, dass wir am 20.3. noch nicht in Karins Wohnung einziehen können. Wir werden Möbel und Hausrat aus Esslingen einlagern lassen und noch in der

Dachwohnung bleiben. Ist ja nicht weiter tragisch, wir haben ja da alles, was wir brauchen.

Abgesehen von den „geschäftlichen" Besprechungen hatte ich zwei schöne Abende mit Ludger, wir waren auf dem Hansemarkt; und Ralf hat mich einmal in der Wohnung besucht. Abgesehen von dem Hexenschuss, den ich Mittwoch morgens beim Sockenanziehen (im Sitzen!!) erlitt, ging es mir prächtig.

Auf der Rückfahrt am Freitag stieg in Dortmund auch ein Frauentrüppchen ein, die saßen alle in meiner Ecke, Mädelsausflug nach Amsterdam. Das erste, was sie taten, war Sekt und Likörchen aus den Taschen holen. Großzügigerweise haben sie mir von allem was abgegeben und in Duisburg, wo sie umsteigen mussten, war ich schön abgefüllt. …..

Die gute Laune hielt bis Stuttgart an, und ab da war es vorbei. Nur schlechtgelaunte Schwaben zu erblicken. Am liebsten hätte ich die alle zusammen nach Ekel verfrachtet. Guten Tag, meine Damen und Herren. Herzlich willkommen bei der Deutschen Bahn. Alle Fahrgäste nach Ekel werden gebeten, in Waggon 13 Platz zu nehmen und diesen bis zum Eintreffen am Zielort nicht zu verlassen. Hygieneartikel und –behälter befinden sich unter ihrem Sitzplatz. In Ekel erwartet Sie am Bahnsteig ein Komitee von Bottroper Sueben mit Snacks wie Steinkohlechips und Stahlbrezeln. Dazu wird Grubenwasser gereicht. Wir wünschen eine angenehme Reise und hoffen, dass Sie für eine eventuelle Rückreise den Verflixtbus wählen.

So, noch gemeiner geht's ja kaum noch…

Dann wurden die Möbel aus Esslingen nach Dortmund transportiert. Das war für die Nachbarn natürlich ein Fescht:

Am Fenster sind schäbische Nasen,
die schlagen beim Atmen schon Blasen.
Denn Hokoes ziehn aus.
Das ist doch ein Graus.
Wer mäht denn demnächst unsern Rasen?

Die Schwerter meinen dazu:

Man wird Euch in Groß-Ekel vermissen, denn ohne Feindbild fällt man auf die eigenen Unvollkommenheiten zurück. "Esch ischt Kehrwoche, wo bleibet die Hokoesch? Wir müsche schie doch kontrolliere!" Wenn es demnächst einen Volksaufstand in Groß-Ekel gibt, dann wisst Ihr, woran das liegt.

Die Hokoesch sind weggezooge.
Das traf unsch, gansch ungelooge.
Wir schind nuhn alllllein.
Desch ischt gar netttt fain
und auch noch rescht ungezooooge.

Ilona darauf:

Ich wusste doch, dass noch eine Steigerung in Sachen Groß-Ekel möglich ist.... Freundin Andrea aus Lünen hat letztens am Telefon erzählt, dass ihre Physiotherapeutin ursprünglich aus Thüringen stammt und nach der Wende in die Nähe von Pforzheim gezogen war.

Dort hat sie es nicht sehr lange ausgehalten. Sie berichtete von ähnlichen Erfahrungen, die wir in Groß-Ekel gemacht haben. Nun wohnt sie schon lange im Ruhrpott in Lünen und ist glücklich und zufrieden.

Der nette Freund der netten Frau mit Essener Vorfahren hat gestern Abend den Rasenmäher und die dazugehörige „Garage" abgeholt. Nebenan drückte man sich wieder die Nasen an der Fensterscheibe platt. Ich konnte nicht an mich halten, habe hochgesehen und lauthals gelacht. Wie peinlich können die noch sein….

Ilönchen aus Dortmund kaufte in Esslingen Müllsäcke.
Sie räumte aus und kramte wie verrückt, diese Kecke.
Wie im Wahn,
dünkts Dietmar an,
selbst Handtaschen und Gardinen brachte sie zur Strecke.

Noch nie habe ich soooo gerne ausgemistet!! Ich habe einen schönen Spruch gefunden, der nun auf unserer Tafel steht: „Ein Abschied, bei dem sich die Wehmut in Grenzen hält, deutet auf eine Befreiung hin." (F.F. Kovacs)

Provenzalischer Baum   (Pastellkreide)   2007

Ilonas sprachkundliche Forschungen:

Daimler-Firmenkauderwelsch wird entglobalisiert Nach der Trennung von Chrysler scheint bei Daimler die Rückbesinnung auf die schwäbischen Wurzeln des Unternehmens stattzufinden. So haben unbekannte Spaßvögel eine „Verfahrensanweisung" in Umlauf gebracht, die das globalisierte Firmenkauderwelsch durch ein bodenständiges Vokabular ersetzt. Darin heißt es: „Aus gegebenem Anlass und in Gedenken an unseren schwäbischen Firmenvater sind mit sofortiger Wirkung folgende Wörter, ohne Ausnahmen, wie angegeben zu ersetzen!" Dann folgt die Wortliste: Commitment: hemmer ausgmacht Workflow: so wurds gmacht Leadership: dia wo saget, wie`s gmacht wurd Meeting: zamma hocka Cluster: a Päckle Clustern: Päckla macha Feedback: saga, was bassiert isch Fuel economy: Sprit spara Lifecycle: so alt wie`s wurd Controlling: nach am Geld gugga Lobbying: romkriega Senior manager: Scheff Chairman: Scheff Chief engineer: Scheff Manager: Scheffle Teamleiter: Scheffle Executive comittee: älle graoße Scheff Aging workforce: alde Kollega Handout: ebbas zom Mitgeba Onepager: uff oim Blatt Features: Lombagruscht After sales: Kondadienscht Benchmark: gugga was/wie`s de andere dend Brief(en): ei`lerna/saga wia`s goht Keyless go: ohne Schlissel fahra Air scarf: warms Gnick Airbag: Luftgugg Tire fit: Flickzeug Corporate: mitnander Research: probiera/bästla Development: bästla/probiera

90

Gerds neue Theorien zu Groß-Ekel:

Schon Zollern-Friedrich, der Große,
schoss auf die Feinde mit Spätzle-Soße.
Die Feinde, sie schrien:
"Lasst uns niederknien
vor solch einer Macht – gleich ganz lose!

In der Tat sind die Hohenzollern ein Geschlecht aus Württemberg,
der Hauptprovinz von Groß- Ekel. Dieses Fürstengeschlecht war
durch den generationenübergreifenden Genuss von Spätzle
hinsichtlich der Ausbildung von Kauwerkzeugen wie auch der
damit verbundenen Verstandestätigkeit dermaßen gestresst, dass
die Hohenzollern nach Berlin flohen. Dort galten sie als
Exekelianer.

Berlin entwickelte sich unter den Hohenzollern zu einer
prächtigen Gartenstadt, die von einer gewaltigen Prachtallee
durchzogen wurde, die von Charlottenburg zum späteren
Alexanderplatz führte.

Beim täglichen Jogging der kurfürstlichen, später dann
königlichen wie auch kaiserlichen exekelianischen Majestäten von
Charlottenburg zur Nikolaikirche und wieder zurück, bildeten sich
die Kauwerkzeuge wieder zurück. Die Großspurigkeit blieb.

Mit der Reichsbildung von 1871 und den beiden Weltkriegen
bewahrheitete sich der Leitsatz der Ekelianer: "Lasst uns ein Volk
von Ekeln sein.

Ilona am 23. November 2018:

Ein Wahrsager wusste, in Groß-Ekel wird es einen Aufstand
geben.
Nur konnte er nicht vorhersagen, warum und wieso und wogegen.
Hokoes war`s klar:
Ist`s nicht bizarr.
Sie verschwanden einfach so, und das kam ihnen richtig gelegen.

Bloß gut, dass wir KEINE Feindbilder haben….(grins). Der
Nachbar wird immer nervöser, weil er keine Ahnung hat und
observiert jetzt auch bei 6 Grad vom Garten aus, was hier so vor
sich geht. Heute saß er echt mit Wolldecke stundenlang auf
seinem Gartensitz. So etwas nennt man Kontrollsucht. Vielleicht
sollten wir mal mit Spielzeug-MP`s und Sturmmasken rüber
stürmen, aber wir sind zu alt und zu unsportlich, um über den
Gartenzaun zu grätschen, also den normalen Weg durch das
Eingangstörchen und dann rufen: „Nieder mit der schwäbischen
Spätzlesfront und Freiheit für alle italienischen Teigwaren" und
dann aus den MP `s mit italienischer Nudelsoße die volle
Breitseite geben. Wäre fast was fürs Kino. Gut, nicht gerade
Visconti, aber wäre ein Versuch…

Dietmar Köhne genießt den „Côte Roannaise"

Corona und der Abschied von Ilona

Im Februar 2020 meinte man in Schwerte-Ergste zum Virus:

Es war dem Kaiser sein Söhnchen,
der hatte ein Virus mit Krönchen.
Der Prinz macht' nicht schlapp
und hustete ab
das Virus in garstigen Strömchen.

Ist Schwerter Senf ein Gegenmittel? Wohl nicht, aber Ilona und Dietmar schmeckt er trotzdem:

Wir kauften Senf von der Mühle aus Schwerte,
weil die Erfahrung uns länger schon lehrte:
Der ist gut,
der macht Mut.
Man ihn doch so lange in Schwaben entbehrte.

Nach dem Lock-down berichtet Ilona:

Wenn man in der Kronenstraße wohnt, ist das offenbar corona-inspirierend.

Im Nachbarschaftsnetz gab es eine Anfrage an alle hier im Viertel Wohnenden, wer denn schon im Rewe oder Edeka heute gewesen sei und wie es da aussähe....Samstagnachmittag sei das Toilettenpapier ausverkauft gewesen. Daraufhin schrieb eine Nachbarin, dass die Regale leergefegt seien und lange Schlangen um 8.15 Uhr (!) an der Kasse standen.

Ich mischte mich dann mit in die „Unterhaltung" und schrieb, dass ich mittlerweile mehr Angst vor meinen hysterischen Mitmenschen als vor dem Virus hätte. So dichtete ich frei nach Goethes „Erlkönig":

„Erreicht die Haustür nur noch mit Not,
zu schwer war`n die Taschen,
nu ist er tot."

Tjaja. Wir, die wir nicht zu den Klopapier-Hamstern gehören, haben jetzt noch 5 Rollen. Hoffen wir mal, dass Rewe & Co. wieder auffüllen….Lidl hat in einer kurzen Stellungnahme versichert, dass das Lager voll mit allen Artikeln für 6 Monate sei.

Wenn bei jeder alljährlichen Grippewelle solch eine Informationsflut über uns hereinbräche, hätten wir jedes Jahr leergekaufte Geschäfte. Wenn wir Besuch einladen sollten, muss jeder als Gastgeschenk zwei Klorollen mitbringen. Geschenkpapier drumherum wird gern genommen und in klopapierübliche Streifen zerschnitten.

Man weiß ja nie. Nudeln sind da weniger praktisch, es sei denn, man nimmt leicht eingeweichte Lasagneplatten. Oder Altkleiderverwertung mal ganz anders. Hach, da kommen mir aber noch viele Ideen! Die Pizzeria in unserer Straße heißt „Corona" – das ist aber ganz schlecht. Pizza Virus kommt bei den Leuten nicht gut an. Wir können ja mal ein paar Tage abwarten, wie sich die Massenpanik so entwickelt, irgendwann muss der Spuk ja wieder aufhören. Oder wir treffen uns trotzdem, trinken ein Gläschen Sagrotan© zusammen und/oder tragen alle einen Motorradhelm und Handschuhe.

Nun hat das Virus Deutschland erwischt,
man sich nicht mehr in Gruppen vermischt.
Fieber und Husten,
bloß nicht pusten!
Das Wandeln im Freien, es fast erlischt.

Im April 2020:

In unserem Nachbarschaftsnetz nebenan.de gab es eine Welle von Hilfsbereitschaft junger Leute, die anboten, Älteren zu helfen beim Einkaufen oder mit Hundi Gassi gehen. Einem von ihnen schilderte ich unsere Papierverknappung und ob er wohl denke, er könne noch irgendwo etwas auftreiben. Das kriegen wir schon hin, schrieb er. Zwei Stunden später eine mail: „meine Frau hat in der Drogerie das vorletzte Paket für Sie ergattert!"

Dann trafen wir uns fast kontaktlos auf der Hainallee zur Übergabe. Man kam sich vor wie ein Drogendealer. Freund Ludger hatte unseren Hilfeschrei auch gehört und seinerseits in den Läden geforscht, sodass wir nun genügend haben und auch noch Karin versorgen konnten, die bereits auf Küchenrolle umgeschwenkt war.

Dietmar wollte Mehl holen, weil er Brot backen wollte – handabgepacktes Bäckermehl ohne jegliche Aufschrift oder MHD gab es bei Edeka. Da würde der WKD sonst ganz laut schreien!

Tja und sonst: Balkon nutzen, noch ist es ja einigermaßen warm; malen; schreiben – mein Verlag hat uns Autoren ermuntert, zur Corona Krise einen Text zu schreiben. Ich versuche mich mal an einem satirischen Beitrag. Dietmar hat die Balkonbrüstung neu lackiert, und in der Nachbarschaft dröhnen überall die Rasenmäher. Abends gibt's neuerdings Balkon-Rudelsingen (mit mehr als 2 Metern Abstand). Neulich sangen wir „Kein schöner Land in dieser Zeit", gestern spielten Musiker schräg gegenüber mit Cello und Geige das Steigerlied. Heute Abend versuchen wir „Froh zu sein bedarf es wenig". Hoffentlich singen viele mit, damit es ein bisschen wie Kanon klingt.

Die Antwort aus Schwerte-Ergste:

Corona, der alte Langeweiler,
verbietet das Reisen, das ist noch steiler.
Wir leben nun trocken.
Doch werden wir's rocken
als Klopapier- und auch Mehlverteiler.

Der Gegen-Limerick aus Dortmund:

„Neues aus Sagrotan$^{©}$" - das klingt ja so dumm.
Astrid Lindgren macht sich im Grabe krumm.
Covit muss weichen,
ohne zu schleichen.
Wir zeigen Stärke mit Maske drumrum.

Ein Städtchen namens Schwerte,
um das sich anfangs niemand scherte,
ereilte plötzlich Infizierte.
Schuld war eine Verwirrte,
die privat im Garten Gäste begehrte.

Ein Covid-Patient aus Barmen
kam mit Teleskop- Armen
zum Tango ganz nett
und flott aufs Parkett.
Doch konnt sich keine erwarmen.

Derartig schräge Krankheiten hatten wir doch schon in den vergangenen Jahrzehnten...Mal war es eine Hühnerpest, dann eine Schweinepest, dann Rinderwahn.....Die Leute haben das alles nur sehr gern schnell wieder vergessen und solange man nicht sofort nach dem Schnitzelgenuss tot umfällt, kann das alles ja gar nicht so schlimm sein....billig muss das Fleisch sein und riesiger das Steak als der Teller, wo es drauf liegt.

Wie die Tiere bis zum Schlachten leben müssen, interessiert kaum jemanden. Tja. Was uns auffällt: noch nie haben wir so viele Insekten im Garten herumfliegen sehen wie dieses Frühjahr. Die Birnbaum- und Apfelblüte war sehr schön und auf der anderen Seite blühen bald die Bäume rosa, von denen wir nicht wissen, wie sie heißen. Es sind ganz außergewöhnliche Blüten. Wir haben viel Zeit auf dem Balkon verbracht.

Ostern scheinen wirklich viele Leute in den Parks unterwegs gewesen zu sein. Das wollten wir uns aber sparen. Wir sind gespannt, wann die Kontaktsperre aufgehoben wird und ob dann sprunghaft die Zahlen wieder ansteigen.

Nach der Aufhebung der Kontaktsperre kam eine Einladung aus Schwerte-Ergste:

Bei den Terminen, den verhexten,
ging es ganz gut am 3.6.
Dann ist der Spargel knackig,
die Kartoffeln sind auch zackig.
Das läge doch wohl am näxten.

Am 19. Mai 2020 feierte Dietmar seinen 65 Geburtstag im Stadewäldchen an der Saarlandstraße. Ilona hatte im Scherz eine falsche Adresse zu den Freunden nach Schwerte-Ergste gemailt, in der sicheren Überzeugung, dass der wirkliche Treffpunkt doch klar sei. Als eingefleischte Sauerländer nahmen die Ergster die Finte aber wörtlich – zumal die falsche Adresse durch das Navi als existent ausgewiesen wurde

So fuhren sie arglos nach Aplerbeck, trafen aber an der angegebenen Adresse weder ein Restaurant noch Ilona und Dietmar an. Ein spontan aufgenommener Telefonkontakt klärt indes alles, so dass die in die Irre Geleiteten doch noch das richtige Ziel erreichten. Darüber wurde viel gelacht und gescherzt. Es war ein schöner Abend, ohne dass jemand geahnt hätte: Es war das letzte Treffen mit Ilona…

Wir kamen nach Dortmund Aplerbeck,
doch Dietmar, Ilona, die waren weg.
Wir fuhren ganz kalt
zum Stadewald.
Das war unsrer Irrfahrt besonderer Zweck.

Ilona erwiderte darauf:

Ein munteres Pärchen kannte nicht die Geranienallee*,
doch dann am 19. Mai, jippieh und juchhee,
fuhr`n sie nach Aplerbeck
und kriegten `nen Schreck.
Keine Geranien, keine Wirtschaft, oh weh oh weh.
(*Das war die falsche Adresse.)

Schön, dass Ihr den Klamauk mit Humor genommen habt....Es
war für Dietmar und mich ein sehr schöner Nachmittag.

Ilona Hofmann-Köhne 2006

Am 3. Juni 2020 sollte dann ein gemeinsames Spargelessen in Schwerte-Ergste stattfinden. Leider erkrankte Ilona schon vorher so schwer, dass sie **am 7. Juni 2020 verstarb**. Dazu passt folgender Limerick, den sie schon Jahre zuvor gedichtet hatte:

Das Schicksal ist ein alter, böser Troll.
Der macht nie das, was er soll.
Schickt uns in Stolperfallen,
lässt uns auf die Nase knallen.
Das ist doch ungerecht, aber voll.

Ilonas literarisches Erbe

Diese Limericks sind nur ein kleiner Teil ihres Erbes. Seit vielen Jahren hat sie Gedichte, Kurzgeschichten und einen Roman geschrieben. Einiges hat sie in der Zeitschrift „littérage" und später im Frieling Verlag veröffentlicht. Auf ihrer Homepage www.hofmann-koehne.de kann man einige Kommentare und einen Ausschnitt des Romans lesen. Seit vielen Jahren schrieb sie auch für die Anthologien des Frieling Verlages jeweils zum Jahresende Kurzgeschichten. Ihre letzte erscheint 2020/21 im Band 29 „Auslese zum Jahreswechsel". Eine Liste der verfügbaren Anthologien dieses Verlages und des Romans „Blues 4600" finden Sie unter www.frieling.de/Autoren/Hofmann-Koehne,-Ilona

Neben ihren künstlerischen Tätigkeiten des Malens, der Bildhauerei, des Schreibens, etc., war sie auch eine begnadete Köchin, die mit ihren Rezepten sogar Preise gewonnen hat.